Color work

Color work　　Color work

Color work

다양한 색감을 즐기는 배색무늬 니트 손뜨개

도카이 에리카의 컬러 워크

한글책

손뜨개 작업이 즐거운가요?
혹시 잘 뜨지 못하는 것 같나요?
괜찮습니다. 누구나 거쳐 간 길이니까요.

뜨개질 실력을 향상하는 가장 좋은 방법은
즐기면서 뜨는 것입니다.
마음에 드는 니트를 발견하면
그 니트를 입은 자신의 모습을 상상하며
마음대로 떠보세요.

실수하면 잠시 손을 놓고 원인을 생각해봅니다.
하지만 또 실수하고 말지요.
이런 일을 반복하는 동안
어느 순간 실력이 부쩍 늘 거예요.

뜨개 도안과 똑같지 않거나
뜨개코가 들쭉날쭉해도
세상에 단 하나뿐인 자신만의 작품입니다.
본인이 만족하면 그게 최고예요.

-도카이 에리카

CONTENTS

A 아이스크림 풀오버 → p6

C 플라워 베스트 → p8

D 버드 베스트 → p10

B

E 페르시안 고양이 풀오버 → p12

F

G 알록달록한 열매 풀오버 → p14

I 프렌치 불도그 풀오버 → p18

J 프렌치 불도그 가방 → p19

H 모자이크 카디건 → p16

L 스컬 베스트 → p22

M 스컬 넥워머 → p23

K 야구 점퍼 → p20

N 거리 풍경 가방 → p24

O
P

Q 샹들리에 원피스 → p26

R 훌라 걸 카디건 → p30

S 버드 풀오버 → p32

T 삼각 숄 → p34

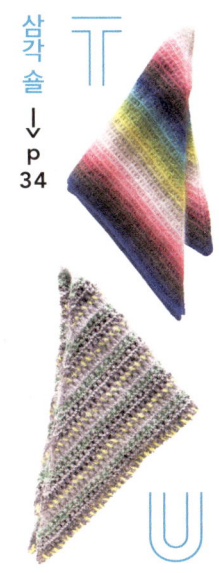

V 시크한 열매 풀오버 → p36

U

W 샹들리에 풀오버 → p38

X 프린지 가방 → p39

Y 프린지 베스트 → p40

COLUMN 디자인과 응용에 관한 힌트 p28
이 책에서 사용한 실 p42
POINT LESSON 배색무늬뜨기 포인트 레슨 p44
How to knit 작품을 뜨는 방법 p48
TECHNIQUE GUIDE 뜨개의 기초 p92

※ 이 책에 실린 작품을 복제해서 판매하는 행위는 금지되어 있습니다.
홈메이드를 즐기는 목적으로만 이용하기 바랍니다.

아이스크림 풀오버 A

뜨는 방법 → P 52

A

귀엽고 맛있어 보이는 데다 색 변화가 풍부한 아이스크림은 배색무늬를 뜨고 싶게 하는 요소가 가득한 모티프입니다. 배색무늬가 까다로울 수 있지만 앞판에만 있어서 초심자도 도전해볼 만한 디자인이에요. 색상 수가 많은 실을 사용했으니, 각자 좋아하는 아이스크림을 배색무늬뜨기로 만들어 보면 어떨까요?

사용한 실 → 퍼피 퀸애니, 모나르카

아이스크림 풀오버 B 뜨는 방법 → p52

플라워 베스트 뜨는 방법 —> p49

캐나다 코위찬 인디언 스타일로 짠 작은 숄이 달린 가벼운 베스트가 있으면 좋을 것 같았어요. 그런데 가로 배색무늬가 아니라 세로 배색무늬로 떠보면 어떨까 하는 생각이 문득 떠오르더라고요. 그런 아이디어에서 탄생한 코위찬풍 베스트입니다. 초극태사는 순식간에 쭉쭉 뜰 수 있고 실수해도 티가 잘 나지 않아요. 작업 단계가 달라질 때는 뜨개 도안과 설명을 잘 확인해가며 뜨세요.
사용한 실 → 이토이토 비니쿤카, 카사밀라 II

버드 베스트

뜨는 방법 → p 54

심플한 새의 실루엣을 배색무늬로 뜬 베스트는 서로 다른 색의 중세사를 겹쳐서 새가 포개지는 부분을 표현했습니다. 실을 겹치면 물감 색을 섞는 것과 비슷한 느낌이 되어 색상 수도 늘어나고 작품에도 깊이가 생깁니다. 진동 줄임이 없고 직선적인 디자인이므로 옷을 처음 떠보는 분에게 추천합니다.

사용한 실 → 퍼피 브리티시 파인

11

페르시안 고양이 풀오버 F 뜨는 방법 → p 56

F

알록달록한 열매 풀오버 　뜨는 방법 → p65

G

넓은 몸판에 열매를 배색무늬뜨기로 한가득 넣은 풀오버입니다. 소매 폭도 넓게 만들었기 때문에 소매 길이는 7부로 해서 깔끔한 느낌을 주도록 연출했습니다. 배색무늬가 까다로워서 실끝을 처리하기가 힘들지만 그만큼 큰 성취감을 느낄 수 있어요. 줄기 부분은 자수 도안에 지나치게 얽매이지 말고 자신이 뜬 뜨개바탕 위에 자연스러운 선을 그리는 기분으로 수놓아보세요.

사용한 실 → 퍼피 린칸토 no.9, 유리카 모헤어, 브리티시 에로이카

모자이크 카디건

뜨는 방법 → p 59

레트로풍 바닥타일 모자이크 무늬를 이미지화한 카디건입니다. 질감이 다른 모헤어와 트위드 실의 조합이 잘 어우러져서 낙낙하면서도 매우 가볍게 완성됩니다. 사용한 색상이 많지만, 모자이크 무늬 1개에 사용하는 색은 2가지라서 뜨기 쉬운 무늬입니다.

사용한 실 → 로완 펠티드 트위드, 키드실크 헤이즈

프렌치 불도그 풀오버 뜨는 방법 → p62

프렌치 불도그 가방

뜨는 방법 → p64

JJ

보기만 해도 저절로 미소를 짓게 되는 프렌치 불도그입니다. 이렇게 얼굴이 커진 이유는 자수를 사용하지 않고 전체를 배색무늬뜨기로 표현했기 때문이에요. 무늬가 강렬해서 다른 부분은 최대한 심플하게 만들었습니다. 저도 제작하는 동안이나 완성한 후나 볼 때마다 웃게 되더라고요. 그만큼 힐링 효과가 뛰어난 사랑스러운 모티프입니다.

사용한 실 → 리치모어 퍼센트

야구 점퍼　뜨는 방법 → p80

발랄해 보이는 니트 야구 점퍼를 뜨고 싶어서 디자인했습니다. 주로 사용한 브라운 색상이 컬러 스프링클을 뿌린 초콜릿 도넛을 연상시키지 않나요? 복잡하게 배색무늬뜨기를 해야 하는 부분도 없고 사용한 색상도 적지만, 주머니와 스탠드 칼라, 지퍼 등 지금까지 제가 디자인한 작품에서 등장한 적 없는 테크닉을 담았습니다. 꼭 도전해보세요.
사용한 실 → 이토이토 스코가포스, 우수리베이

스컬 베스트
뜨는 방법 → p 68

스컬 넥워머 뜨는 방법 → p69

멕시코 축제인 '죽은 자들의 날'에서 영감을 받아 디자인했습니다. 베스트는 중세사를 가로 배색무늬로 뜨기 때문에 가볍고 따뜻하게 완성됩니다. 배색에 사용한 메탈릭사는 걸친 실이 길면 입을 때 손가락에 잘 걸리므로 잊지 말고 실을 고정해가면서 뜨세요. 넥워머는 고무뜨기 부분에 걸친 실이 빡빡해지지 않게 주의해가며 뜹니다.

사용한 실 → L 퍼피 브리티시 파인, 미루아르 '페를' / M 퍼피 퀸애니

거리 풍경 가방   뜨는 방법 → p72

거리 풍경을 디자인한 가방은 다양하게 배색해서 꾸준히 만들고 있는데 이번에는 기본 뜨개 도안에서 일부를 잘라내 크기에 변화를 줬습니다. 서로 다른 색의 실을 겹치거나 부분적으로 장식실을 사용해서 크기가 작은 작품이라도 폭넓게 응용할 수 있도록 만들었습니다.

사용한 실 → NV얀 나미부토, 루프

샹들리에 원피스 뜨는 방법 ⟶ p84

38쪽의 샹들리에 풀오버와 같은 무늬를 부분적으로 사용한 톱다운 방식의 원피스입니다. 배색과 소재, 모양을 바꿔서 풀오버와는 다른 느낌을 줄 수 있게 디자인했어요. 길이를 짧게 하면 풀오버가 되고, 좀 더 길게 만들고 싶다면 원하는 길이까지 마음껏 뜰 수 있답니다.

사용한 실 → 퍼피 퀸애니, 펠리지, 키드 모헤어 파인, 미루아르 '페를'

COLUMN   디자인과 응용에 관한 힌트

책에 실린 작품을 그대로 뜨는 것도 좋지만, "나만의 느낌을 살짝 더해보고 싶다"
"색을 바꿔서 떠보고 싶은데 어떤 색을 골라야 할지 모르겠다"라고 말하는 분들을 종종 봅니다.
포인트 몇 가지만 파악하면 응용 방법이 어렵지 않아요.
오히려 퍼즐 맞추기처럼 즐길 수 있을 거예요.
여기에서는 하나의 디자인으로 새로운 변형 작품을 만드는 힌트를 소개합니다.
여러분이 자신만의 니트를 완성하는 데 참고가 되면 좋겠습니다.

[색에 변화를 준다]

아이스크림 풀오버는 뜨개 도안과 실은 똑같이 사용하고 색상에만 변화를 준 작품입니다.

바탕색 바꾸기는 가장 쉬운 응용 방법이에요. 어떤 색으로 만들지 망설여지면 털실 타래를 얼굴 가까이에 대고 거울에 비춰보며 색이 잘 어울리는지 확인하세요. 또한 새로 고른 색 때문에 다른 배색이 묻히지 않는지 주의해야 합니다.

[색과 소재에 변화를 준다]

소재에 변화를 줄 때는 게이지가 비슷한 실을 선택하세요. 페르시안 고양이 풀오버는 바탕실이 2종류인데 캐시미어실이 울로 된 실보다 더 가늘어서 2가닥을 겹쳐 사용했습니다. 열매 풀오버나 삼각 숄(34, 35쪽)처럼 색을 적게 쓰고 싶을 때는 색조는 같되 질감이 다른 실을 사용하면 무늬의 존재감을 유지하면서 뜨개 바탕에 변화도 줄 수 있습니다.

[색과 모양에 변화를 준다]

과감한 무늬의 옷을 입기가 망설여진다면 가방으로 만드는 방법을 추천합니다. 프렌치 불도그는 바탕색을 바꿔서 풀오버와 가방으로 만들었어요. 거리 풍경 가방은 무늬가 직선적이므로 뜨개 도안 하나를 부분적으로 잘라내서 크기에 변화를 줬습니다.

[색, 소재, 모양에 변화를 준다]

버드 풀오버처럼 진동 줄임이 없는 디자인은 그 상태로 베스트를 만들 수도 있어요. 톱다운 방식으로 뜨는 샹들리에 풀오버는 멀티컬러 실을 사용해 전체에 배색무늬를 넣었으며, 원피스는 소재가 다른 실을 조합해서 위쪽에만 배색무늬를 넣었습니다. 스컬처럼 규칙성이 있는 가로 배색무늬뜨기는 소품으로 바꾸기 편하며, 실의 굵기에 따라 무늬의 크기도 변화하므로 느낌도 달라집니다. 프린지 베스트는 프린지의 색으로 무늬를 표현했으며, 프린지 가방은 실의 질감을 활용했습니다.

[직접 응용할 때 참고할 만한 힌트]

밑단의 고무뜨기(무늬뜨기) 부분을 몇 센티미터 정도 늘려서 뜨기만 해도 전체적인 치수가 변화하며 느낌도 달라집니다. 품을 늘리는 것보다 더 간단하므로 치수를 살짝 변경하고 싶다면 시도해보세요. 훌라 걸은 모티프 색을 바꾸기 어려운 디자인이므로 바탕색에 변화를 주는 방법을 추천합니다. 플라워 베스트는 실을 겹쳐 뜨는 꽃 부분의 배색을 달리해봐도 재미있을 거예요. 모자이크 카디건과 컬러 스프링클을 뿌린 듯한 야구 점퍼는 색상 수가 많은 실을 사용했으니 자신이 좋아하는 색을 조합해서 꼭 도전해보기 바랍니다.

훌라 걸 카디건 뜨는 방법 → P70

훌라 걸은 보기만 해도 추운 겨울을 따뜻하게 만들어줘서 좋아하는 모티프입니다. 이번에는 부피감이 있는 교차뜨기를 앞여밈단과 밑단에 사용해서, 배색무늬뜨기로 만든 모티프 외에도 포인트를 만들어봤어요. 옷을 껴입은 상태에서도 위에 걸칠 수 있도록 큼직하게 만들었습니다.

사용한 실 → 퍼피 모나르카, 브리티시 에로이카

버드 풀오버

뜨는 방법 → p 86

새의 실루엣을 배색무늬뜨기로 만든 풀오 버는 10쪽의 베스트와 다른 분위기로 연출 하고 싶어서 알록달록한 모헤어를 사용했 습니다. 앞뒤 몸판의 무늬가 다 같기 때문 에 옆선에서 무늬를 맞추면 새들에게 빙 둘 러싸입니다. 조심스럽게 붙인 자잘한 스팽 글이 아주 마음에 듭니다.

사용한 실 → 퍼피 유리카 모헤어, 키드 모헤어 파인

삼각 숄 T

뜨는 방법 → P 75

시작코 5코로 뜨기 시작하는 삼각 숄의 무늬는 2코모아뜨기와 걸기코(바늘비우기)로 만들어서 매우 단순합니다. 뜨개질을 진행함에 따라 삼각형이 넓어지므로 크기를 마음대로 조절할 수 있다는 점도 좋아요. 가는 모헤어를 서로 겹쳐서 그러데이션 효과를 준 숄과 굵은 소재를 조합한 숄은 단수만 다를 뿐 뜨개 도안은 같습니다.

사용한 실 → T 로완 키드실크 헤이즈 / U 다루마 울 모헤어, 스프라우트, 폼폼 울, 플로럿

삼각 숄 U 뜨는 방법 → p 88

U

시크한 열매 풀오버

뜨는 방법 → p 89

열매 무늬를 다양한 질감의 모노톤 실로 바꿔서 배색무늬뜨기로 만들었습니다. 쓸쓸해 보이지 않게 바탕색은 포근한 감촉의 트위드 실을 선택했어요. 이 작품처럼 몸판 전체에 무늬가 들어가는 디자인은 실의 색과 질감을 균형 있게 배치하는 작업에 시간이 걸리지만, 이 시간이 매우 보람 있답니다.

사용한 실 → 퍼피 소프트 도니골, 브리티시 에로이카, 펠리지, 유리카 모헤어

전체적으로 샹들리에 같은 무늬를 배색무늬뜨기한 풀오버. 사용하는 실은 2색으로 정했지만 기하학적인 무늬에 변화를 주고 싶어서 배색에 멀티컬러 실을 사용했습니다. 바탕색인 갈색에 비해 색이 잘 드러나는 분홍색 계열 멀티컬러를 배색해서 무늬가 뚜렷하게 보입니다. 반대로 바탕색과 비슷한 색을 선택해서 무늬를 자연스럽게 드러내는 방법도 멋있어요.

사용한 실 → 퍼피 퀸애니, 밀레 콜로리 베이비

W

샹트리에 풀오버 뜨는 방법 → p82

프린지 가방 뜨는 방법 → p 76

이랑뜨기로 만든 가방에 색은 같지만 질감이 다른 프린지를 달았습니다. 실로 뜨개질을 하지 않고 프린지를 만들면 아까운 기분도 들지만, 매력적인 실은 프린지로 만들어도 존재감을 드러냅니다. 가방은 실 2가닥을 겹쳐서 튼튼하게 떴기 때문에 안감을 달지 않아도 괜찮아요.

사용한 실 → 다루마 울 로빙, 루프, 멜란지 슬러브, 플로럿, 스프라우트, 울 모헤어

프린지 베스트 뜨는 방법 → p78

부피감이 있는 뜨개바탕으로 베스트를 만들고 싶었어요. 그래서 단순한 가터뜨기를 베이스로 하고 같은 실을 사용해 색이 다른 프린지를 잔뜩 달았습니다. 무늬가 불규칙하니 조금 어긋나더라도 신경 쓰지 말고 좋아하는 형태로 변화를 줘서 자유롭게 즐기며 프린지를 달아보세요.

사용한 실 → 퍼피 슬러브 에로이카, 브리티시 에로이카

이 책에서 사용한 실 (실물 크기)

【 퍼피 PUPPY 】

1 키드 모헤어 파인 Kid Mohair Fine
모헤어 79%(슈퍼 키드 모헤어 사용)·나일론 21% 25g 1볼/약 225m 극세사 총 28색

2 퀸애니 Queen Anny
울 100% 50g 1볼/약 97m 병태사 총 55색

3 슬러브 에로이카 Slub Eroika
울 100%(영국 양모 50% 이상 사용) 100g 1볼/약 82m 초극태사 총 10색

4 소프트 도니골 Soft Donegal
울 100% 40g 1볼/약 75m 병태사 총 10색

5 포르투나 Fortuna
캐시미어 100% 25g 1볼/약 106m 중세사 총 8색

6 브리티시 에로이카 British Eroika
울 100%(영국 양모 50% 이상 사용) 50g 1볼/약 83m 극태사 총 35색

7 브리티시 파인 British Fine
울 100% 25g 1볼/약 116m 중세사 총 40색

8 펠리지 Pelage
알파카 63%(베이비알파카 사용)·나일론 26%·울 11% 50g 1볼/약 88m 극태사 총 8색

9 밀레 콜로리 베이비 Mille Colori Baby
울 100%(파인 메리노 100% 사용) 50g 1볼/약 190m 중세사 총 8색

10 미루아르 '페를' Miroir 'Perle'
폴리에스테르 50%·레이온 50% 20g 1볼/약 230m 초극세사 총 7색

11 모나르카 Monarca
알파카 70%·울 30% 50g 1볼/약 89m 극태사 총 10색

12 율리카 모헤어 Julika Mohair
모헤어 86%(슈퍼키드 모헤어 100% 사용)·울 8%(엑스트라 파인 메리노 100% 사용)·나일론 6% 40g 1볼/약 102m 병태사 총 12색

13 린칸토 no.9 L'incanto no.9
울 100% 50g 1볼/약 83m 극태사 총 5색

【 로완 ROWAN 】

14 키드실크 헤이즈 Kidsilk Haze
모헤어 70%·실크 30% 25g 1볼/약 210m 극세사 총 81색

15 펠티드 트위드 Felted Tweed
울 50%·알파카 25%·레이온 25% 50g 1볼/약 175m 합태사 총 56색

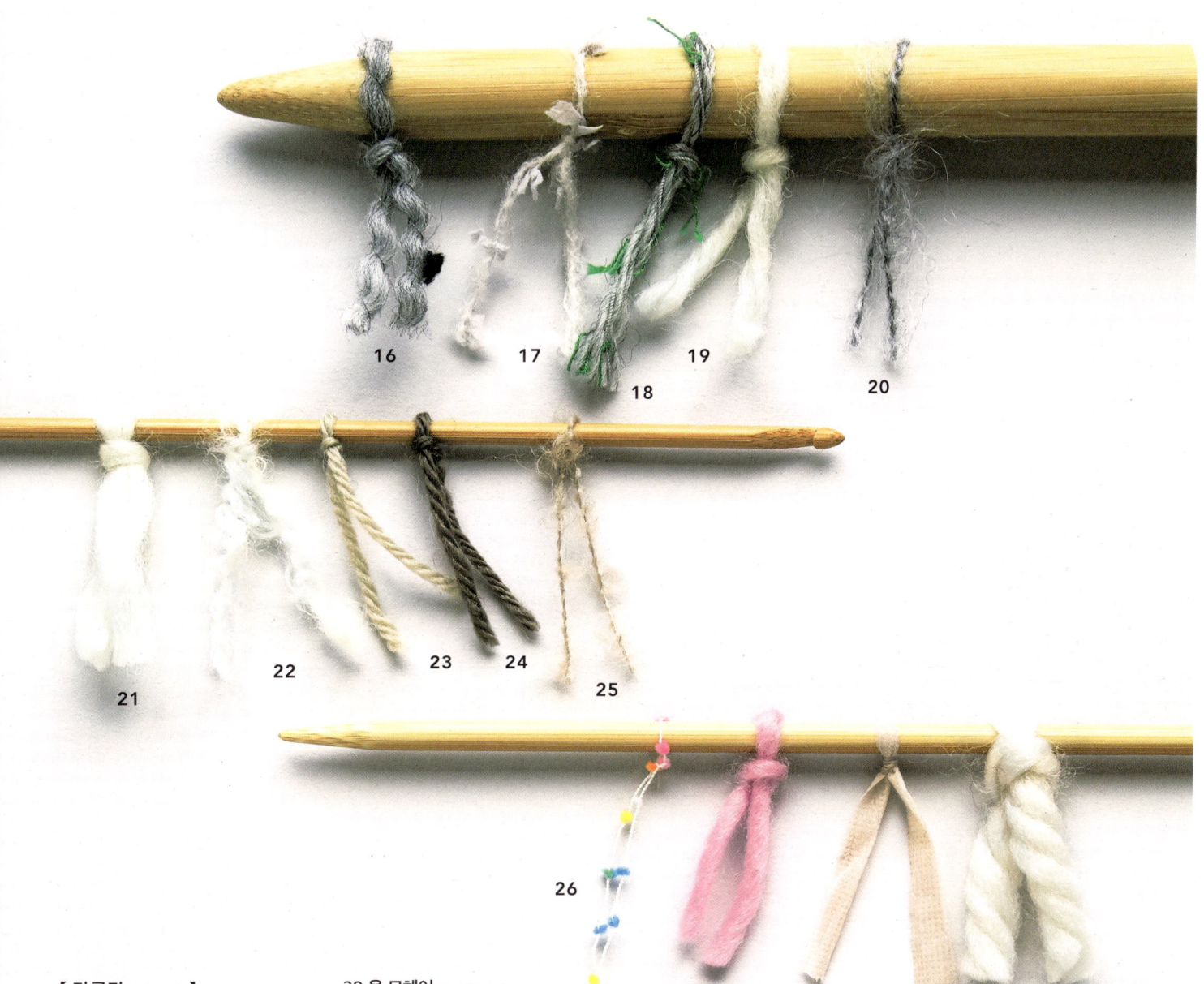

【 다루마 DARUMA 】

16 폼폼 울 Pom Pom Wool
울 99%・폴리에스테르 1% 30g 1볼/
약 42m 극태사 총 11색

17 플로럿 Floret
나일론 66%・울(메리노) 24%・모헤어
(키드 모헤어) 10% 20g 1볼/약 44m
극태사 총 5색

18 스프라우트 Sprout
울 74%・면 15%・폴리에스테르 11%
40g 1볼/약 53m 극태사 총 5색

19 울 로빙 Wool Roving
울 100% 50g 1볼/약75m 초극태사 총
8색

20 울 모헤어 Wool Mohair
모헤어 56%(키드 모헤어 36%・슈퍼키
드 모헤어 20%)・울(메리노) 44% 20g
1볼/약 46m 극태사 총 14색

21 멜란지 슬러브 Melange Slub
울 100% 40g 1볼/약 46m 초극태사
총 9색

22 루프 Loop
울 83%・알파카(베이비알파카) 17%
30g 1볼/약 43m 초극태사 총 8색

【 리치모어 RICH MORE 】

23 퍼센트 Percent
울 100% 40g 1볼/약 120m 합태사
총 100색

【 NV 얀 NV YARN 】

24 나미부토 Namibuto
울(메리노 울) 100% 40g 1볼/약 100m
병태사 총 16색

25 루프 Loop
모헤어(키드 모헤어) 24%, 울 56%, 나
일론 20% 30g 1볼/약 120m 합태사
총 8색

【 이토이토 ITOITO 】

26 우수리베이 Ussuri Bay
아크릴 50%・나일론 50% 10g 1콘/
128m 극세사 총 2색

27 카사밀라Ⅱ CasamilaⅡ
울 100% 50g 1볼/약 60m 극태사
총 13색

28 스코가포스 Skógafoss (10g 1콘도 있음)
나일론 100% 30g 1볼/145m 합태사
총 18색

29 비니쿤카 Vinicunca
울 100% 100g 1볼/약 40m 초극태
사 총 8색

※ 실에 관한 정보는 2022년 11월 1일 기준입니다. 실은 예고 없이 변경, 단종될 수 있으니 양해 바랍니다.
※ 실에 관한 문의처는 104쪽을 참조하세요.

POINT LESSON 배색무늬뜨기 포인트 레슨

가로 배색무늬뜨기   작품→p22

가로 방향으로 실을 바꿔가며 뜨는 배색무늬뜨기입니다.
도카이 에리카가 제안하는 포인트도 꼭 활용해보세요.

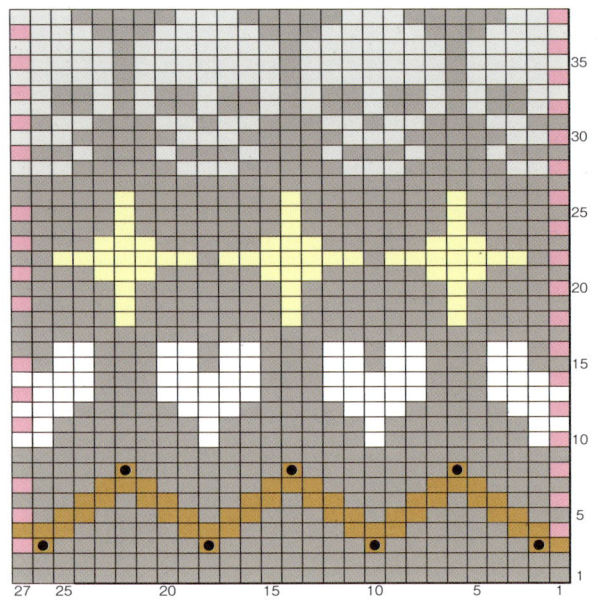

□=□ ■=바탕실과 배색실을 함께 뜨다

배색 {
■=다크그레이
■=브론즈
■=그레이
■=갈색
□=라이트베이지
}

●=스팽글 다는 위치

1 3단은 겉쪽을 보고 뜨는 단입니다. 배색실로 겉뜨기 2코를 뜬 뒤 바탕실로 바꿉니다. 배색실의 실끝은 빠지지 않게 오른손으로 눌러 놓습니다.

2 바탕실로 7코를 뜬 모습.

3 배색실을 바탕실 위쪽으로 걸쳐서 다음의 1코를 배색실로 뜹니다.

4 바탕실을 배색실 아래쪽으로 걸쳐서 다음의 7코를 뜹니다.

5 다음의 배색실로 뜨기 전에 걸친 실이 울지 않았는지 확인합니다. 사진과 같이 코가 밀리는 것처럼 보이면

6 걸친 실을 당겨서

POINT LESSON

7 뜨개코를 펼친 만큼의 걸친 실을 확보해 다음 코를 뜹니다.

8 마지막 코는 바탕실과 배색실 2가닥을 함께 뜹니다. 실 2가닥이 느슨해지지 않게 가지런히 겹쳐서

9 2가닥을 함께 뜬 모습. 마지막 1코는 반드시 실 2가닥을 함께 뜹니다.

걸친 실(싱커 루프)을 함께 뜬다

실을 길게 걸치면 다 뜬 옷을 입을 때 걸리적거릴 수 있습니다. 이를 방지하기 위해 실을 5~7코 이상 걸치는 부분에서는 걸친 실을 다음 단에서 함께 떠서 고정하면 좋습니다.

10 4단은 안쪽을 보고 뜨는 단입니다. 배색실로 3코, 바탕실로 2코를 뜬 모습. 다음 코에 바늘을 넣고 아랫단의 걸친 실도 바늘에 겁니다.

11 실 2가닥을 함께 안뜨기합니다.

12 걸친 실이 고정되었습니다.

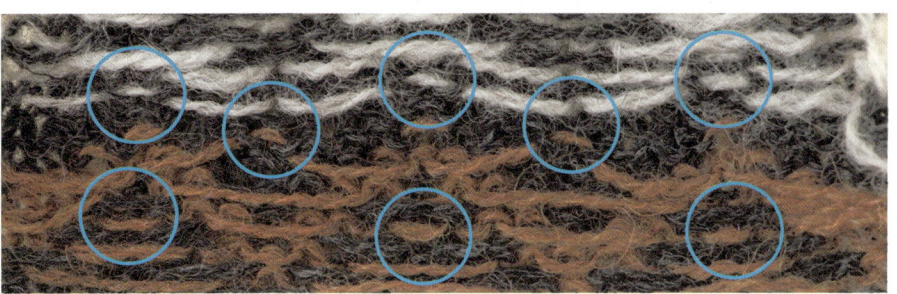

13 안쪽에서 보면 아랫단의 걸친 실이 고정된 것을 알 수 있습니다. 걸친 실이 길어질 경우 다음 단에서 고정하는 방법을 고려해서 실을 여유 있게 걸치도록 합니다.

세로 배색무늬뜨기 작품 →p30

커다란 무늬를 뜰 때 사용하는 기법입니다.
'인타시어intarsia'라고도 합니다.

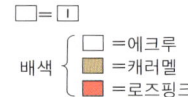

배색 { □=에크루
캐러멜=캐러멜
■=로즈핑크

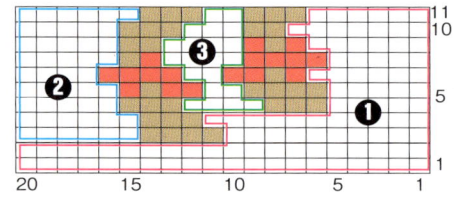

1 세로 배색무늬뜨기를 할 때는 바탕실과 배색실을 미리 소분해놓습니다. 뜨기 시작 부분의 실끝은 12cm 정도로 조금 길게 남깁니다.

2 3단은 바탕실로 뜨다가 배색이 나오면 첫 번째 배색실로 4코를 뜹니다. 다음에 뜨는 바탕실은 먼저 뜬 실과는 별개로 준비한 실타래(❷)에서 실을 가져와 대어 뜹니다.

3 3단을 다 떴습니다. 실타래는 손가락으로 감거나 시중에서 판매하는 실패 등에 감은 것을 준비합니다.

4 4단에서 색을 바꿀 때는 지금까지 뜬 실과 다음에 뜰 실을 사진과 같이 교차시킨 뒤 뜹니다.

5 배색실로 3코를 뜬 모습.

6 바탕실로 바꿀 때도 지금까지 뜬 실과 다음에 뜰 실을 교차시킨 뒤 다음 코를 뜹니다.

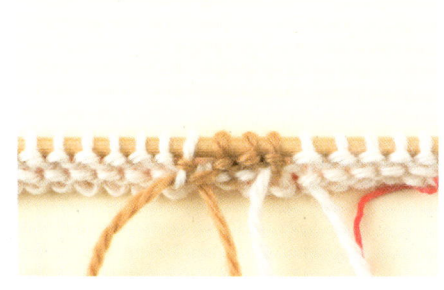

7 색이 달라지는 경계 부분에서 실을 교차시켜 세로로 실을 걸쳐가며 뜨는 방법을 '세로 배색무늬뜨기'라고 합니다.

8 6단의 로즈핑크는 사이에 있는 캐러멜 1코 부분에 실을 새로 대지 않고 가로 배색무늬뜨기의 요령으로 뜹니다. 이렇게 1코만 건너뛰는 부분은 가로 배색무늬뜨기 요령을 조합하면 좋습니다.

9 새로 실을 댄 단은 이전까지 뜨던 실과 교차할 수 없기 때문에 뜨개바탕에 틈이 생깁니다. 이 부분은 나중에 실끝을 정리할 때 화살표 방향으로 실을 통과시켜서 틈을 메워줍니다.

POINT LESSON

여러 작품의 안쪽 모습을 보여드리겠습니다!

버드 베스트 ➜ p10

페르시안 고양이 풀오버 ➜ p12

알록달록한 열매 풀오버 ➜ p14

훌라 걸 카디건 ➜ p30

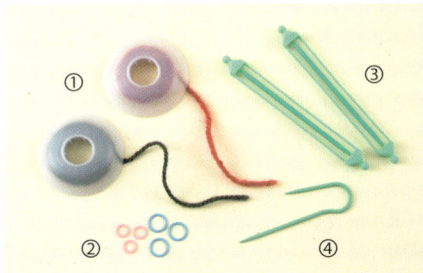

편리한 도구 추천

① 실감기 보빈 : 세로 배색무늬뜨기를 할 때 여러 가닥의 실을 소분해놓는 데 편리합니다.
② 단코표시링 : 세로 배색무늬뜨기로 작품을 만들 때 10코마다 표시해놓으면 편리합니다.
③ 양방향 올풀림방지핀(어깨핀) : 어깨 등의 코를 쉬게 할 때 사용합니다.
④ 갈고리형 꽈배기바늘 : 뜨개코를 교차시킬 때 사용합니다.

도구 / 클로버

How to knit

작품을 뜨는 방법

* 뜨개의 기초는 92쪽에서 소개하는 테크닉 가이드를 참조하세요.
* 그림 속 숫자의 단위는 ㎝입니다.
* 실 사용량은 작품을 제작한 당시 기준입니다. 뜨는 사람의 손놀림에 따라 필요한 실의 양이 크게 달라질 수 있습니다. 염려될 경우에는 넉넉하게 준비하는 것을 추천합니다.
* 작품 치수는 뜨는 사람의 손놀림에 따라 달라집니다. 치수대로 완성하고 싶은 경우에는 표시해놓은 게이지에 맞춰서 바늘 호수를 조정하세요. 게이지보다 콧수와 단수가 많은 경우에는 바늘 호수를 높이고, 적은 경우에는 바늘 호수를 낮춥니다. (일본 대바늘 호수는 3호 기준 3㎜이며, 호수가 커지면 0.3㎜씩 늘어납니다-감수자)
* 사용된 실, 색상은 예고 없이 단종될 수 있으니 양해 바랍니다.

플라워 베스트

작품 → p8

● 재료
이토이토 비니쿤카 오프화이트(39) 950g, 카사밀라II 그래스그린(34) 75g, 핑크(22), 라즈베리(31), 멀베리(32), 머스터드(33) 각 25g. 지름 2.5㎝ 단추 5개

● 완성 치수
가슴둘레 101㎝, 어깨너비 39㎝, 총길이 59㎝

● 도구
대바늘 12호

● 게이지
10㎝×10㎝ 배색무늬뜨기 11코 16단

● 뜨는 방법
비니쿤카는 1가닥, 카사밀라II는 3가닥을 사용해서 뜹니다. 일반적인 시작코를 만들어서 뜨기 시작하며 1코고무뜨기, 세로 배색무늬뜨기, 가터뜨기로 뜹니다. 뒤판은 뒤쪽 칼라를 이어 떠서 덮어씌워 코막음합니다. 앞여밈단은 코를 주워서 1코고무뜨기로 뜹니다. 오른쪽 앞여밈단에는 단추구멍을 만듭니다. 뜨개 끝부분은 아랫단과 같은 방법으로 떠가며 덮어씌워 코막음합니다. 어깨는 안쪽이 밖으로 나오게 마주 놓고 빼뜨기로 잇고, 옆선은 반코를 떠 올려서 잇기로 연결합니다. 앞 칼라는 뒤쪽 칼라에서 코를 주워 가터뜨기로 뜹니다. 코줄이기 부분은 끝에서 두 번째와 세 번째 코를 2코모아뜨기합니다. 뜨개 끝부분은 쉼코로 둡니다. ☆은 실을 떠 올려서 잇기, ★은 코와 단 잇기로 연결합니다. 단추를 달면 완성입니다.

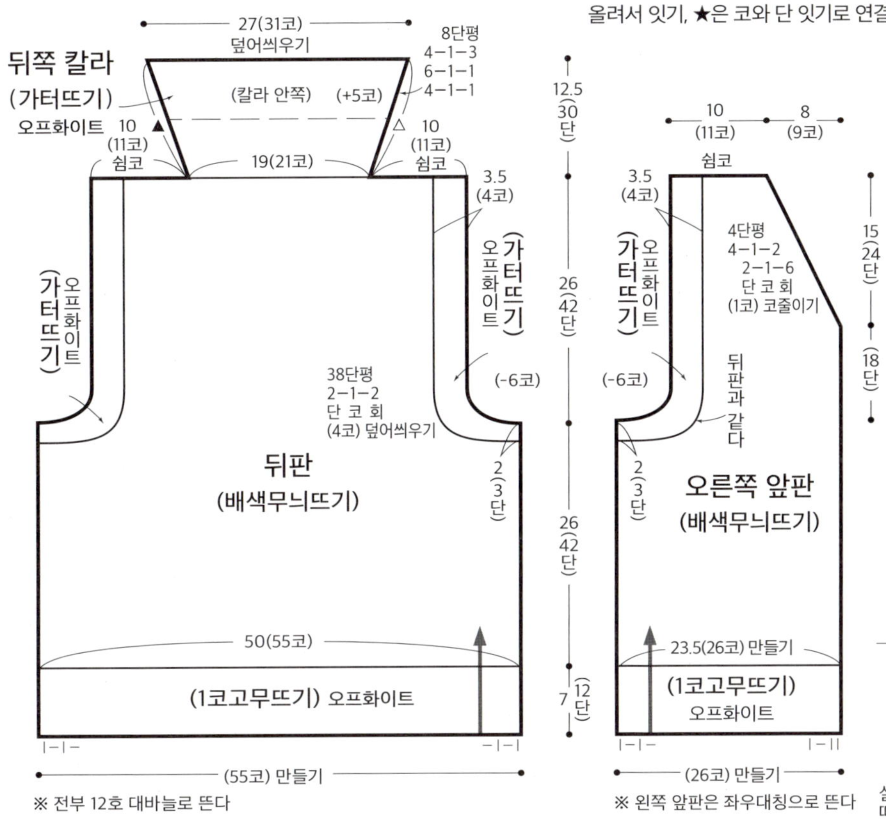

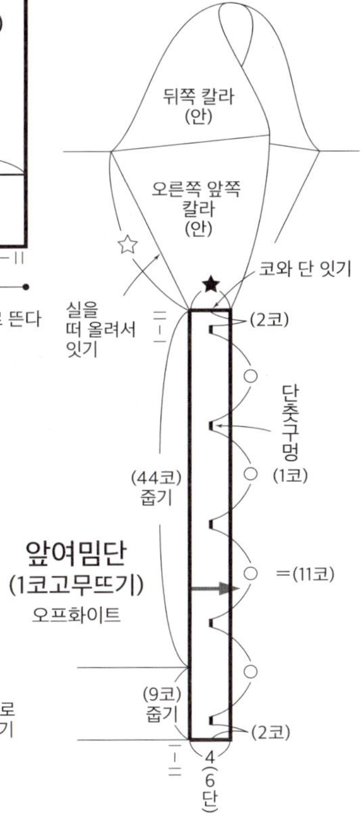

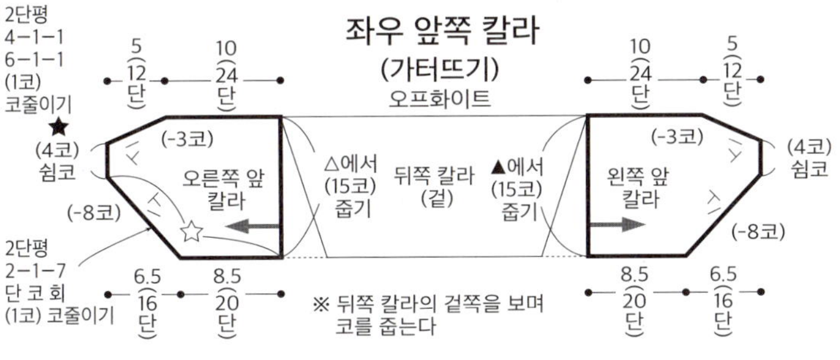

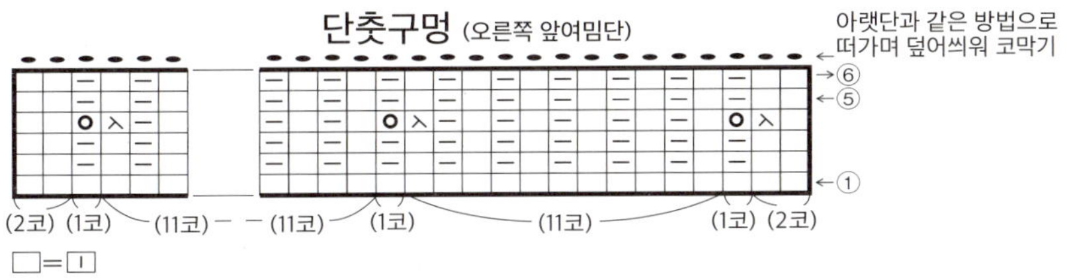

p50에 계속 →

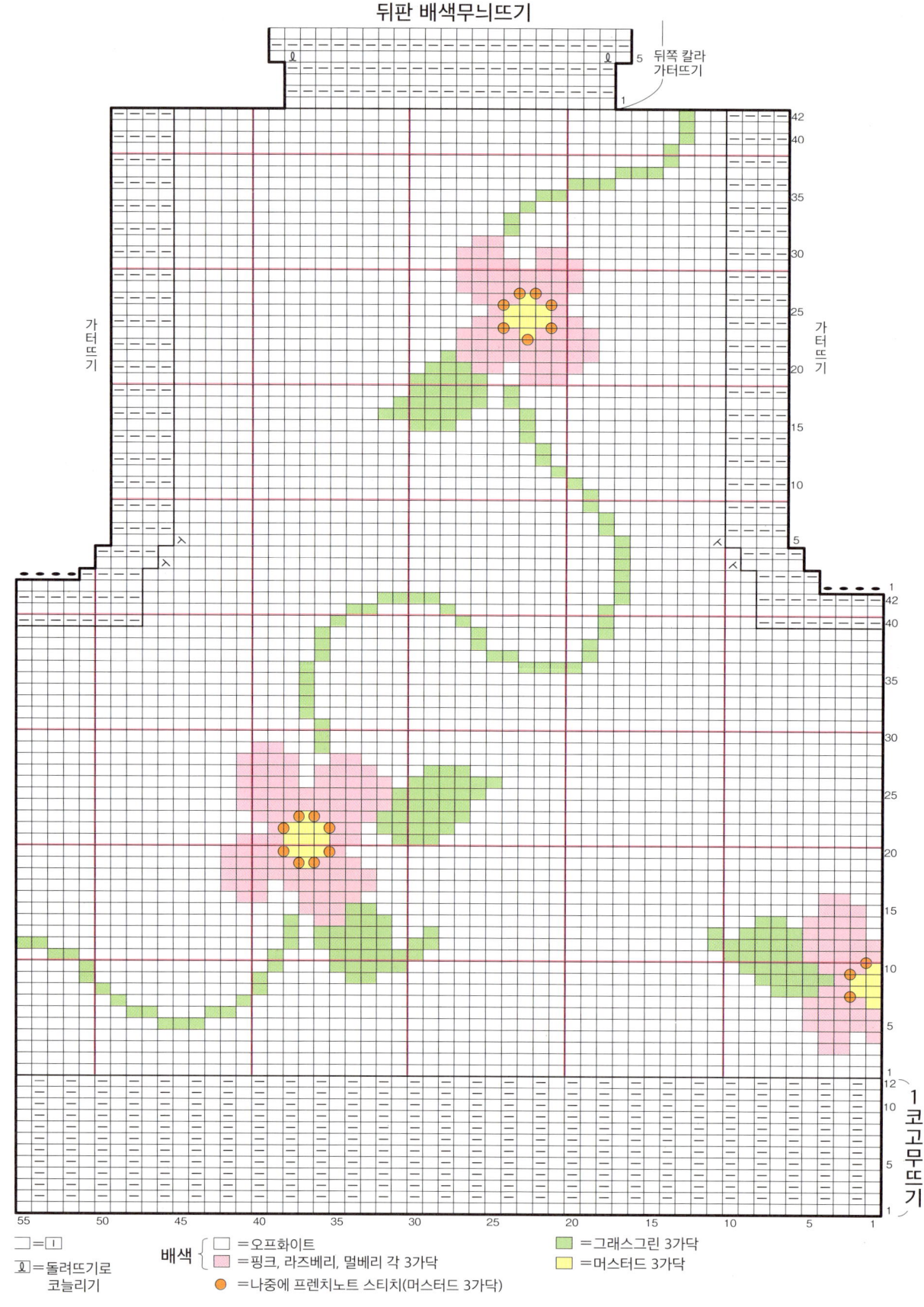

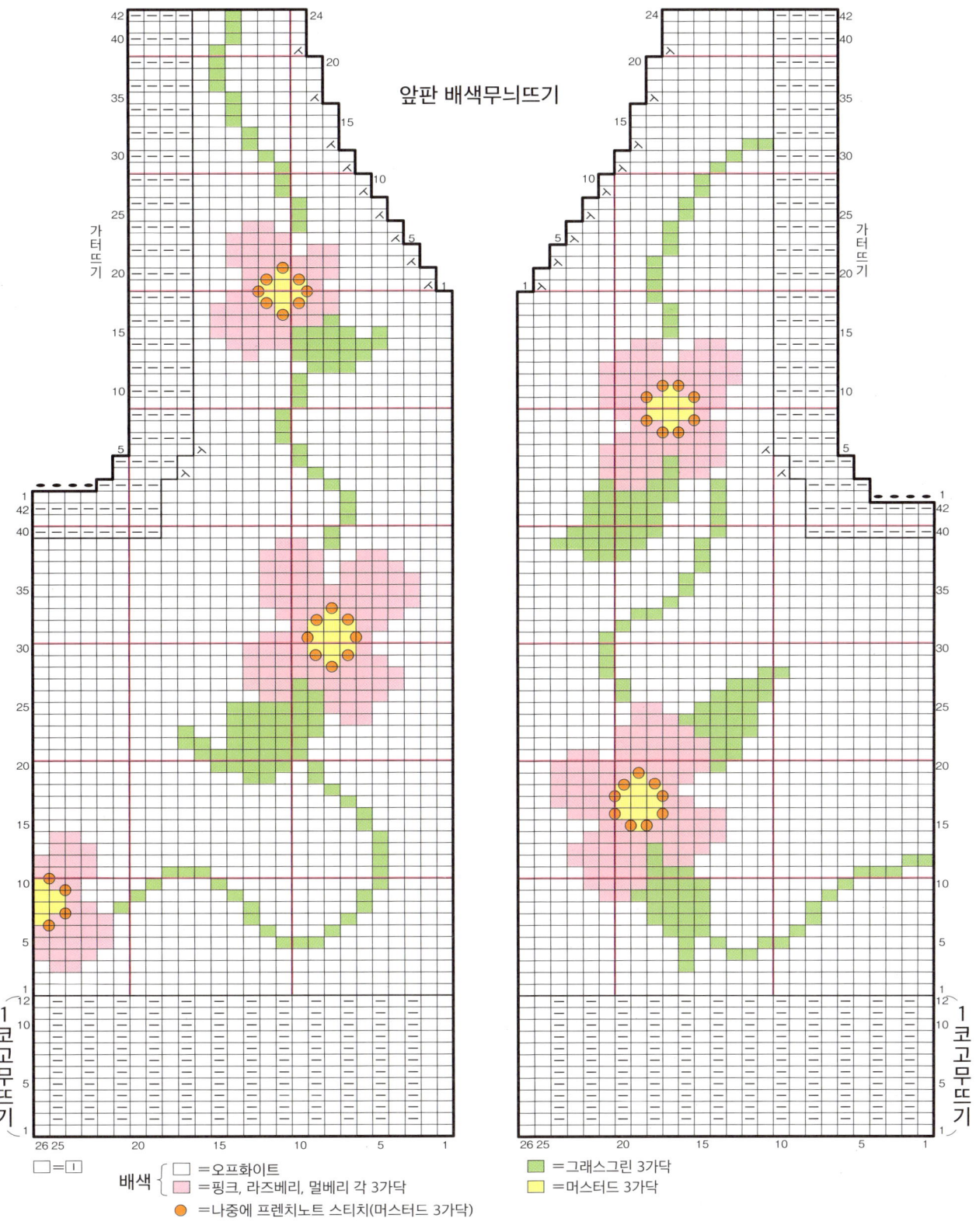

아이스크림 풀오버 작품 ▶ p6 p7

A B

- **재료**
  퍼피 퀸애니, 모나르카, 지름 6㎜ 육각형 스팽글(사용량은 일람표 참조)
- **완성 치수**
  가슴둘레 106㎝, 어깨너비 46㎝, 총길이 61㎝, 소매길이 55.5㎝
- **도구**
  대바늘 7호, 5호, 1호
- **게이지**
  10㎝×10㎝ 메리야스뜨기, 배색무늬뜨기 모두 19코 27단

- **뜨는 방법**
  풀어내는 시작코를 만들어서 뜨기 시작하며 뒤판과 소매는 메리야스뜨기, 앞판은 메리야스뜨기와 세로 배색무늬뜨기로 뜹니다. 코줄이기 부분에서 2코 이상은 덮어씌우고 1코는 끝부분의 1코를 세워서 코를 줄입니다. 소매옆선의 코늘리기 부분은 1코 안쪽에서 돌려뜨기로 코를 늘립니다. 앞판에는 스팽글을 답니다. 소맷단은 시작코를 풀어낸 뒤 코를 주워서 무늬뜨기A로 뜹니다. 뜨개 끝부분은 1호 대바늘로 바꿔서 아랫단과 같은 방법으로 떠가며 덮어씌워 코막음합니다. 어깨는 빼뜨기로 잇고 옆선과 소매옆선은 실을 떠 올려서 잇기로 연결합니다. 밑단은 시작코를 풀어낸 뒤 코를 주워서 무늬뜨기A를 원통으로 뜹니다. 뜨개 끝부분은 소맷단과 같은 방법으로 뜹니다. 목둘레단은 코를 주워서 무늬뜨기A'를 원통으로 뜹니다. 뜨개 끝부분은 소맷단과 같은 방법으로 뜹니다. 소매는 빼뜨기로 몸판과 연결합니다.

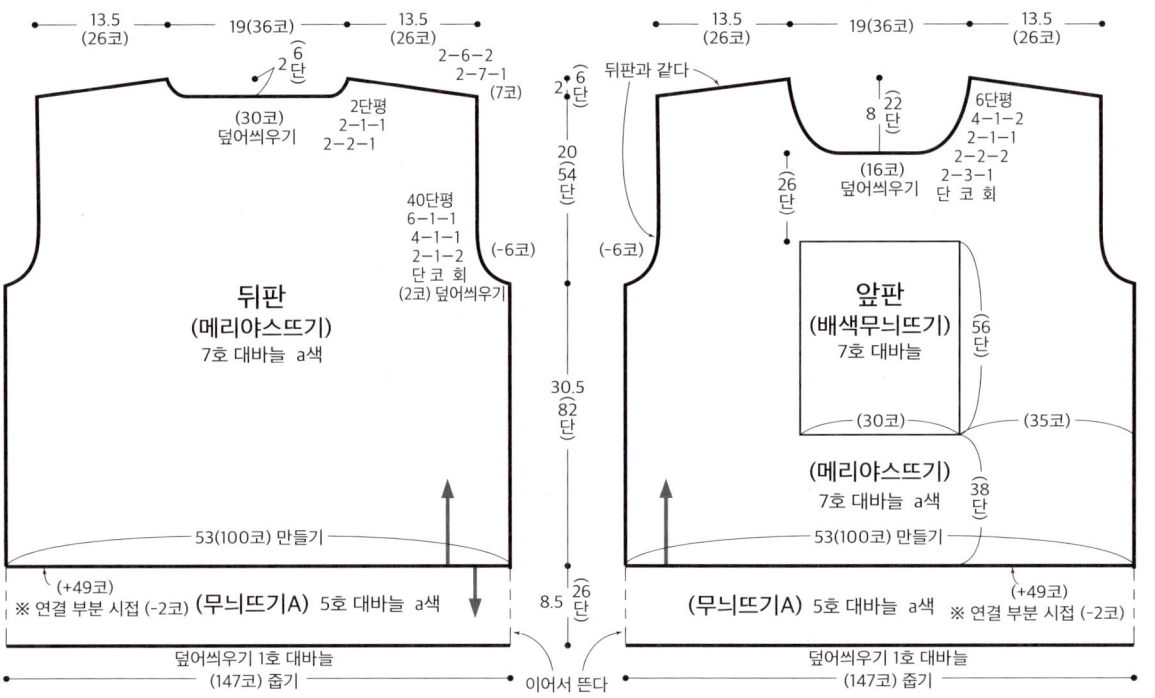

사용량 일람표

	A	B	사용량
퀸애니	라이트베이지(812)	피콕그린(986)	535g
	피콕그린(986)	레몬옐로(892)	5g
	민트그린(989)	크림(869)	5g
	핑크(938)	연갈색(101)	5g
	라벤더(983)	회갈색(991)	5g
	회자색(984)	진갈색(831)	5g
모나르카	캐러멜(903)	캐러멜(903)	5g
지름 6㎜ 육각형 스팽글	시트러스	브라운	8개
	핑크	골드	7개

배색 일람표

	A	B
a	라이트베이지	피콕그린
b	피콕그린	레몬옐로
c	민트그린	크림
d	핑크	연갈색
e	라벤더	회갈색
f	회자색	진갈색
g	캐러멜	캐러멜
h	시트러스	브라운
i	핑크	골드

※ h와 i는 스팽글을 나중에 꿰매 단다

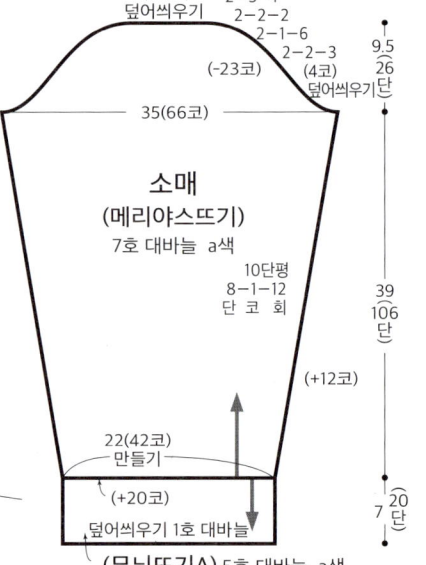

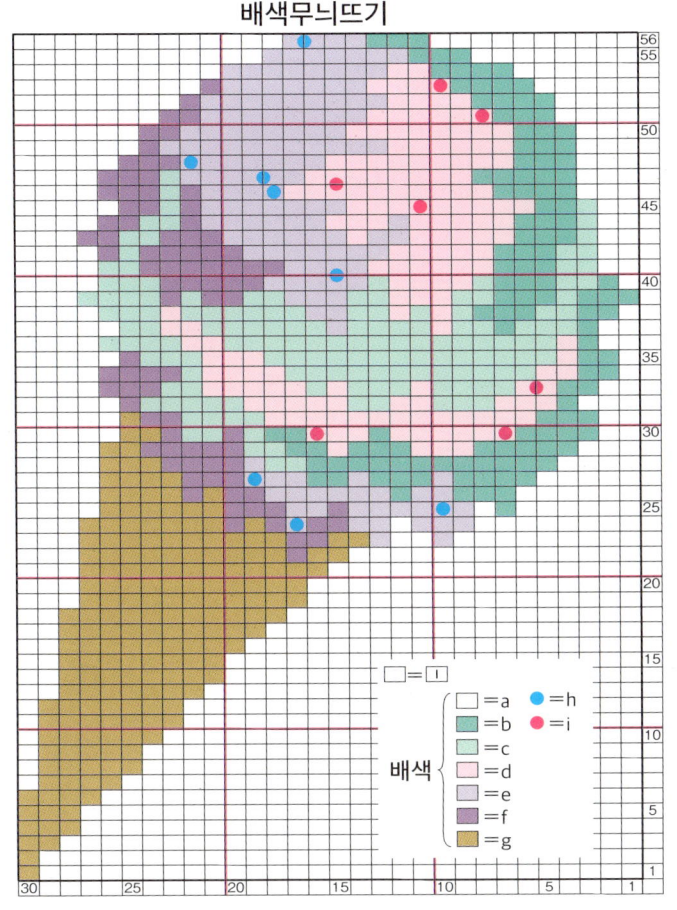

배색무늬뜨기

배색:
- □ = a
- ■ = b
- ■ = c
- ■ = d
- ■ = e
- ■ = f
- ■ = g
- ● = h
- ● = i

□ = ｜

무늬뜨기A

← 아랫단과 같은 방법으로 떠가며 덮어씌워 코막기 (1호 대바늘)

↑ 몸판　↑ 소매
뜨개 시작

□ = −
▨ = 코가 없는 부분
⚇ = 돌려뜨기로 코늘리기
⚈ = 안뜨기의 돌려뜨기로 코늘리기

중심 1코 돌려뜨기로 좌우 돌려 1코교차뜨기

무늬뜨기A'

← 아랫단과 같은 방법으로 떠가며 덮어씌워 코막기 (1호 대바늘)

□ = −

중심 1코 돌려뜨기로 좌우 돌려 1코교차뜨기

중심 1코 돌려뜨기로 좌우 돌려 1코교차뜨기

1 1, 2의 코를 꽈배기바늘로 옮겨서 앞쪽에 놓고 3의 코를 돌려뜨기합니다.

2 꽈배기바늘로 옮겨놓은 1의 코를 왼쪽 바늘로 다시 옮깁니다.

3 2의 코를 꽈배기바늘 끝으로 옮기고

4 2의 코에 화살표와 같이 오른쪽 바늘을 넣어서

5 돌려뜨기합니다.

6 왼쪽 바늘에 옮겨놓은 1의 코를 돌려뜨기합니다.

7 중심 1코 돌려뜨기로 좌우 돌려 1코교차뜨기가 완성되었습니다.

버드 베스트
작품 → p 10

● 재료
퍼피 브리티시 파인 라이트베이지(021), 갈색(024) 각 105g, 적갈색(037) 20g, 에크루(001) 15g, 검은색(008), 청록색(063) 각 10g

● 완성 치수
가슴둘레 94㎝, 총길이 54.5㎝, 어깨너비 53㎝(소맷단 3㎝ 양쪽 포함)

● 도구
대바늘 10호, 8호

● 게이지
10㎝×10㎝ 메리야스뜨기, 배색무늬뜨기 모두 17코 23단

● 뜨는 방법
전부 지정한 실 2가닥으로 뜹니다. 풀어내는 시작코를 만들어서 뜨기 시작하며 세로 배색무늬뜨기, 메리야스뜨기로 뜹니다. 목둘레의 코줄이기 부분에서 2코 이상은 덮어씌우고 1코는 끝부분의 1코를 세워서 코를 줄입니다. 어깨는 빼뜨기로 잇습니다. 소맷단은 2코고무뜨기를 왕복해서 뜹니다. 뜨개 끝부분은 아랫단과 같은 방법으로 떠가며 덮어씌워 코막음합니다. 옆선과 소매옆선은 실을 떠 올려 잇습니다. 밑단의 시작코를 풀어낸 뒤 코를 주워서 2코고무뜨기를 원통으로 뜹니다. 뜨개 끝부분은 소맷단과 같은 방법으로 뜹니다. 목둘레단은 코를 주워서 밑단과 같은 방법으로 뜹니다.

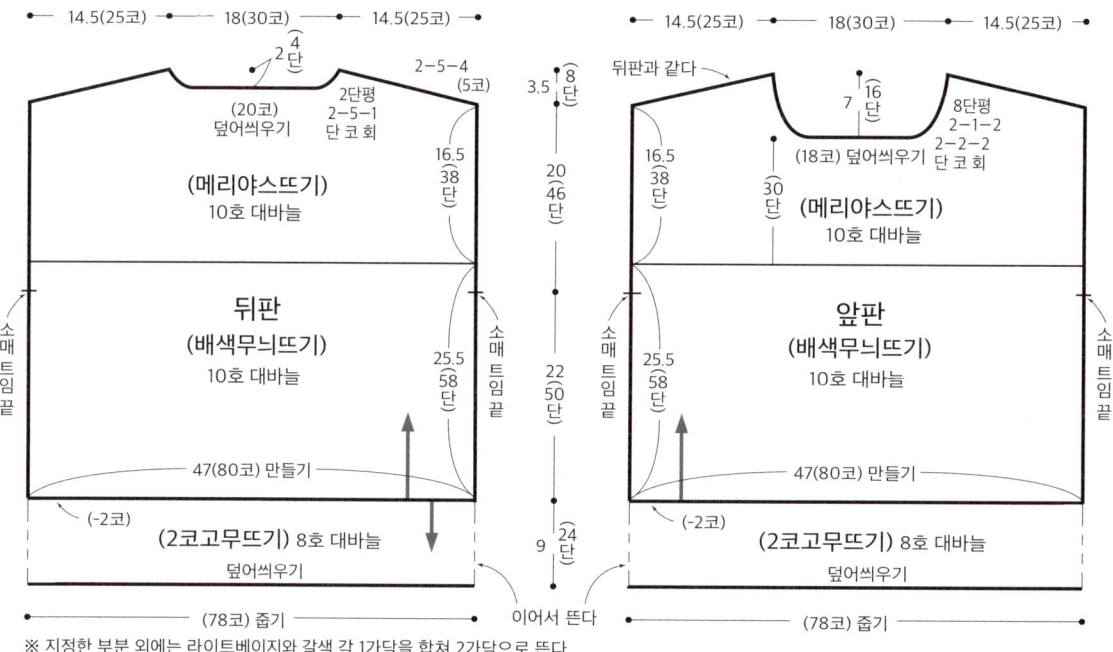

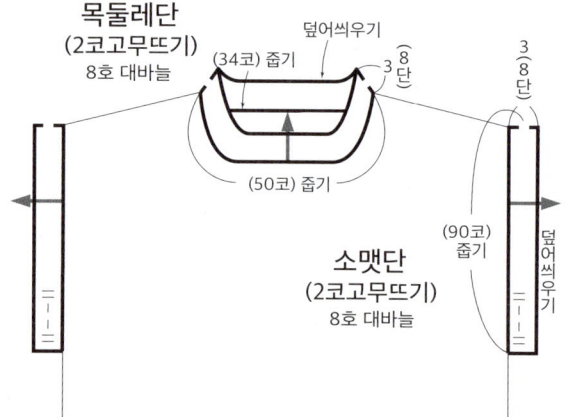

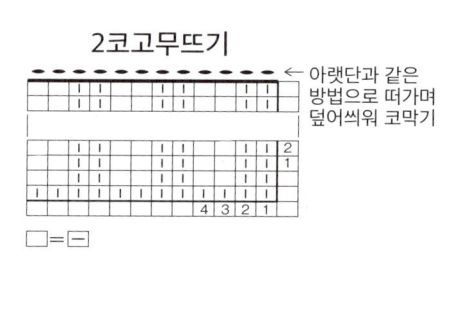

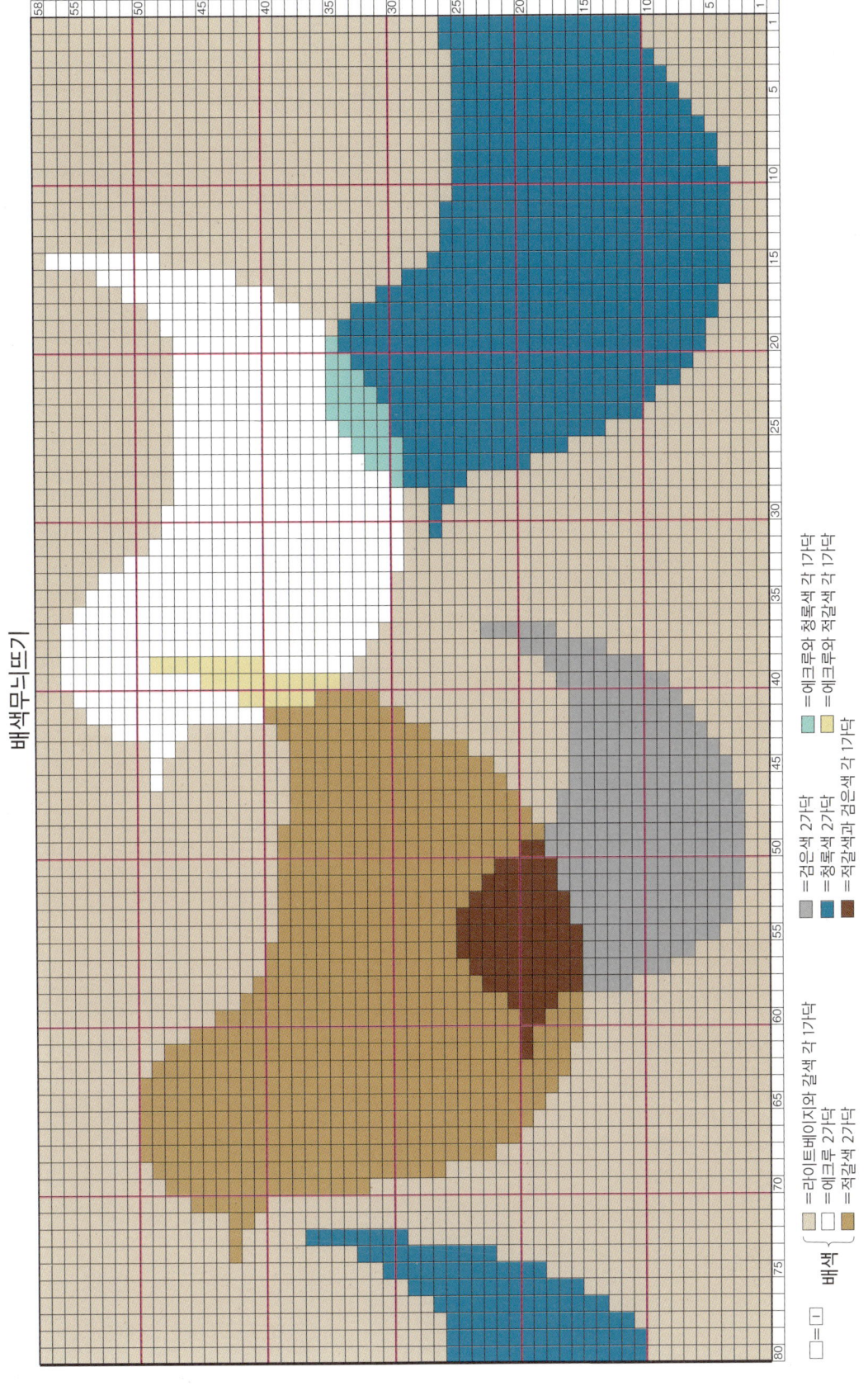

페르시안 고양이 풀오버

작품 → p12 p13

E F

- **재료**
  E : 퍼피 포르투나, 브리티시 에로이카, 펠리지, 유리카 모헤어, 미루아르 '페를'(사용량은 일람표 참조)
  F : 퍼피 브리티시 에로이카, 펠리지, 유리카 모헤어, 미루아르 '페를'(사용량은 일람표 참조)
- **완성 치수** ※ ( ) 안은 F
  가슴둘레 110cm(106cm), 어깨너비 48cm(46cm), 총길이 58cm(58cm), 소매길이 53cm(53cm)
- **도구**
  대바늘 9호, 7호
- **게이지** ※ ( ) 안은 F
  10cm×10cm 메리야스뜨기, 배색무늬뜨기 모두 15.5코(16코) 22단

- **뜨는 방법**
  E의 포르투나는 2가닥, 나머지 실은 1가닥으로 뜹니다. 풀어내는 시작코를 만들어서 뜨기 시작하며 뒤판과 소매는 메리야스뜨기, 앞판은 메리야스뜨기와 세로 배색무늬뜨기로 뜹니다. 코줄이기 부분에서 2코 이상은 덮어씌우고 1코는 끝부분의 1코를 세워서 코를 줄입니다. 소매옆선의 코늘리기 부분은 1코 안쪽에서 돌려뜨기로 코를 늘립니다. 앞판에 수를 놓습니다. 밑단과 소맷단은 시작코를 풀어낸 뒤 코를 주워서 무늬뜨기합니다. 뜨개 끝부분은 아랫단과 같은 방법으로 떠가며 덮어씌워 코막음합니다. 어깨는 빼뜨기로 잇고 옆선과 소매옆선은 실을 떠 올려서 잇기로 연결합니다. 목둘레단은 코를 주워서 무늬뜨기를 원통으로 뜹니다. 뜨개 끝부분은 밑단과 같은 방법으로 뜹니다. 소매는 빼뜨기로 몸판과 합칩니다.

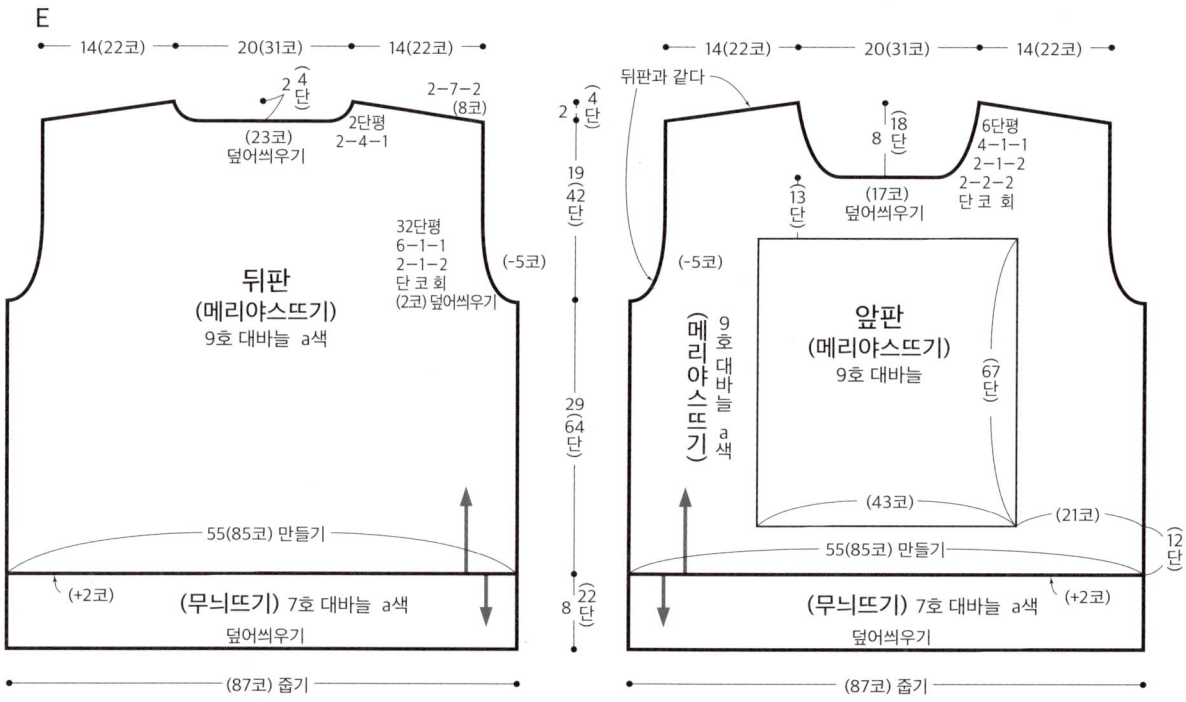

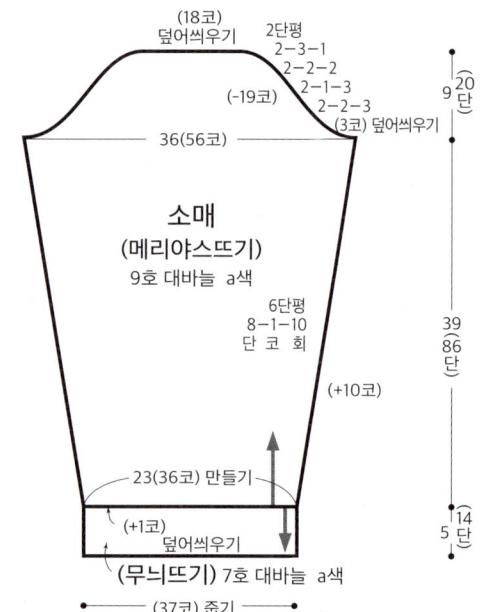

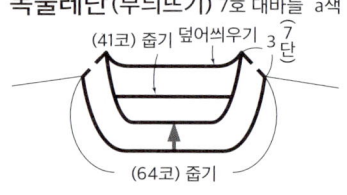

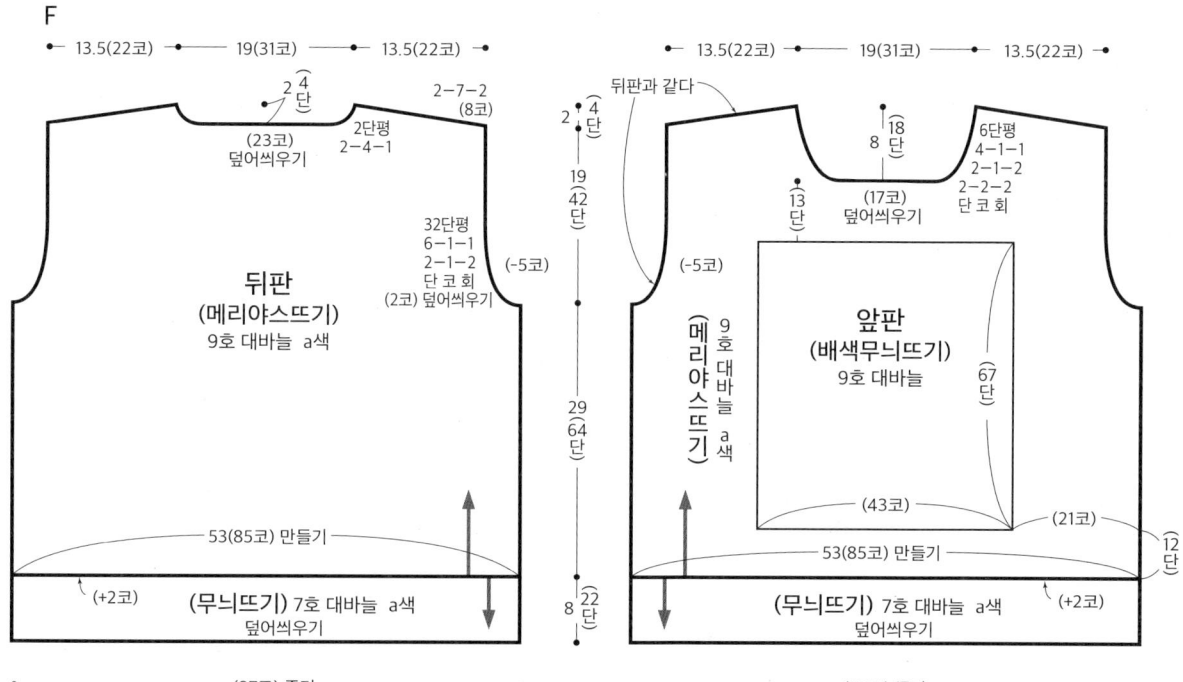

사용량 일람표

	E		F	
포르투나			브리티시 에로이카	
	그레이(2107)	375g	회분홍(180)	460g
브리티시 에로이카			애시브라운(173)	15g
	에크루(134)	15g	그레이(120)	10g
	베이지(143)	10g	레몬(206)	약간
	진갈색(161)	약간	튀르쿠아즈블루(190)	약간
	회분홍색(180)	약간	차콜그레이(159)	약간
	청록색(184)	약간		
펠리지				
	에크루(811)	10g	그레이(1311)	10g
유리카 모헤어				
	에크루(301)	5g	그레이(312)	5g
	핑크베이지(302)	5g	회자색(311)	5g
미루아르 '페를'				
	골드(402)	약간	골드(402)	약간

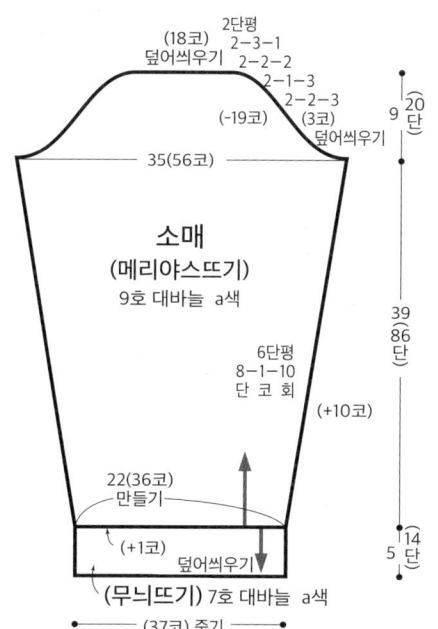

p.58에 계속 →

→ p57에서 이어집니다

배색무늬뜨기

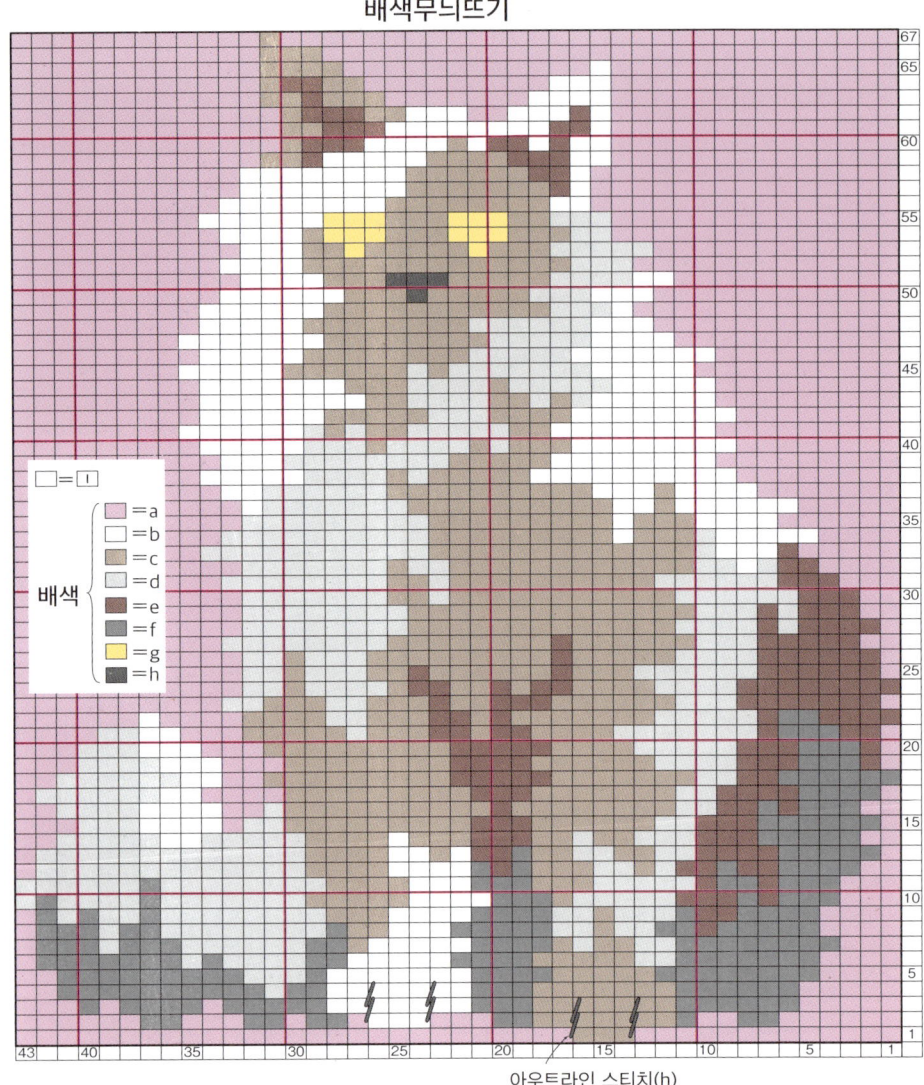

아웃라인 스티치(h)

얼굴 자수 배치도

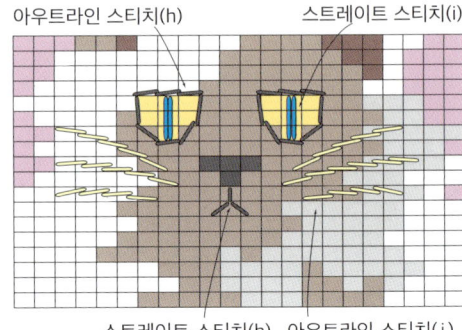

아웃라인 스티치(h) · 스트레이트 스티치(i)
스트레이트 스티치(h) · 아웃라인 스티치(j)

배색 { ━=i ━=j ━=h }

배색 일람표(E)

a	포르투나	그레이 2가닥
b	유리카 모헤어	에크루
e		핑크베이지
c		에크루
f	브리티시 에로이카	베이지
g		회분홍색
h		진갈색
i		청록색
d	펠리지	에크루
j	미루아르 '페를'	골드

배색 일람표(F)

a		회분홍색
c		애시브라운
f	브리티시 에로이카	그레이
g		레몬
h		차콜그레이
i		튀르쿠아즈블루
b	유리카 모헤어	그레이
e		회자색
d	펠리지	그레이
j	미루아르 '페를'	골드

배색무늬뜨기A

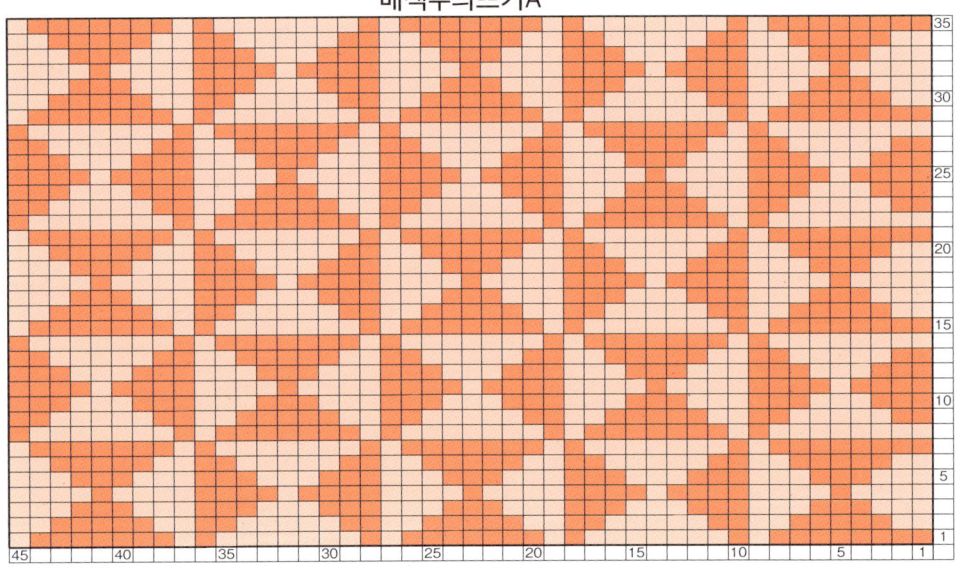

배색 { ■=오렌지 ■=펄오렌지 3가닥 }

p59에 계속 →

모자이크 카디건

작품 → p16

- **재료**
  로완 펠티드 트위드, 키드실크 헤이즈(사용량은 일람표 참조). 지름 1.8cm 단추 5개
- **완성 치수**
  가슴둘레 110cm, 어깨너비 43cm, 총길이 59.5cm, 소매길이 58cm
- **도구**
  대바늘 6호, 4호
- **게이지**
  10cm×10cm 메리야스뜨기, 배색무늬뜨기 모두 22코 23단

- **뜨는 방법**
  펠티드 트위드는 1가닥, 키드실크 헤이즈는 같은 색 3가닥으로 뜹니다. 풀어내는 시작코를 만들어서 뜨기 시작하며 뒤판은 배색무늬뜨기A와 메리야스뜨기, 앞판은 배색무늬뜨기B, 소매는 메리야스뜨기로 뜹니다. 배색무늬는 가로 배색무늬뜨기로 뜨는데 무늬의 경계 부분은 세로 배색무늬뜨기로 뜹니다. 코줄이기 부분에서 2코 이상은 덮어씌우고 1코는 끝부분의 1코를 세워서 코를 줄입니다. 소매옆선의 코늘이기 부분은 1코 안쪽에서 돌려뜨기로 코를 늘립니다. 소맷단의 시작코를 풀어낸 뒤 코를 주워서 2코고무뜨기합니다. 뜨개 끝부분은 아랫단과 같은 방법으로 떠가며 덮어씌워 코막음합니다. 어깨는 빼뜨기로 잇고 옆선과 소매옆선은 실을 떠 올려서 잇기로 연결합니다. 밑단은 시작코를 풀어내서 코를 줍고 앞여밈단과 목둘레단은 코를 주워 2코고무뜨기합니다. 뜨개 끝부분은 소맷단과 같은 방법으로 뜹니다. 소매는 빼뜨기로 몸판과 연결합니다.

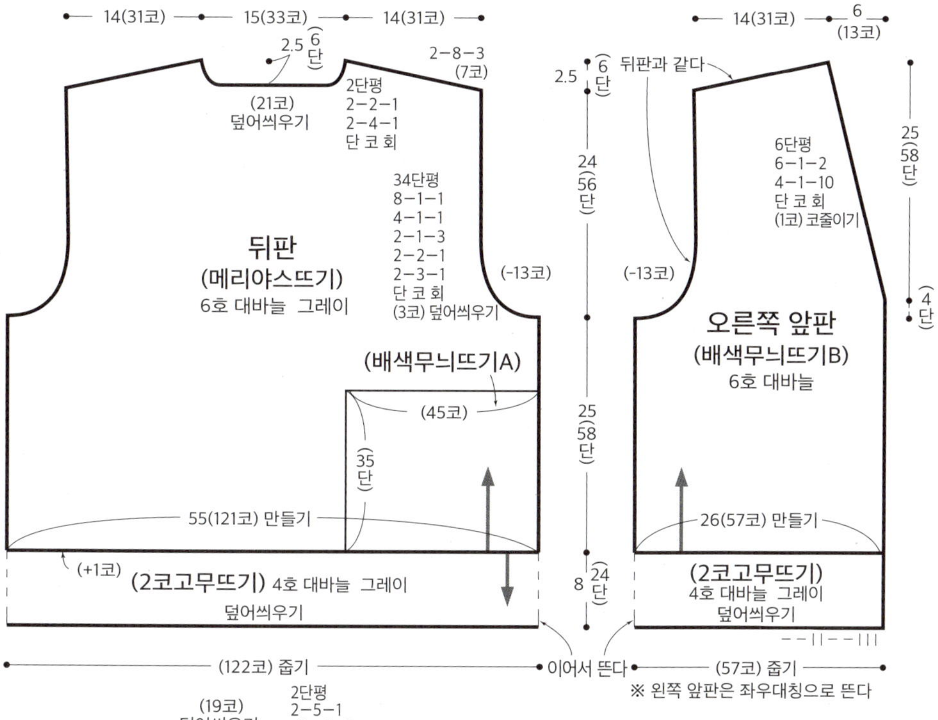

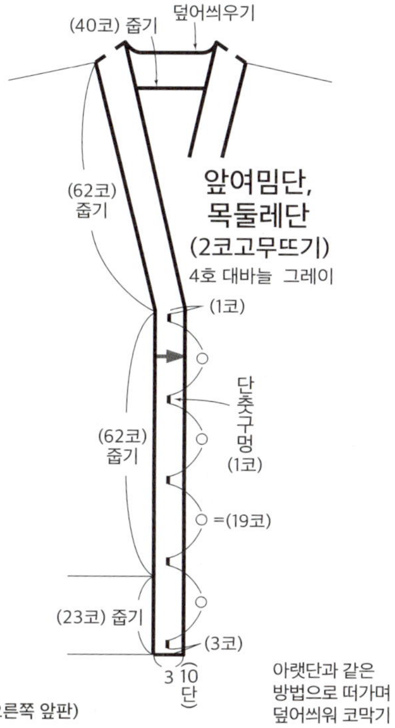

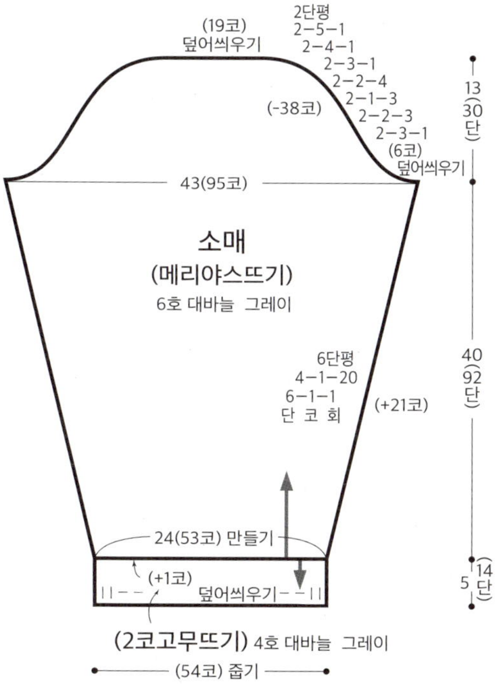

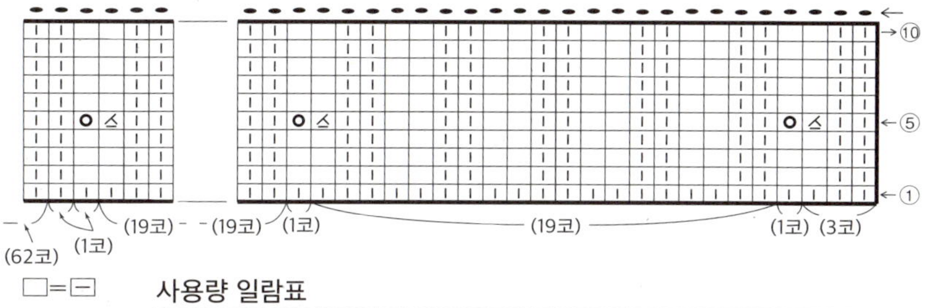

사용량 일람표

펠티드 트위드 (1가닥)		키드실크 헤이즈 (3가닥)	
그레이(195)	230g	펄오렌지(687)	20g
오렌지(198)	15g	라이트그레이(642)	10g
회녹색(209)	15g	블루(685)	10g
겨자색(181)	10g	베이지(686)	10g
보라색(208)	10g	녹색(692)	10g
적자색(200)	5g	베이비핑크(580)	5g
라이트그린(204)	5g		

→ p59에서 이어집니다

오른쪽 앞판의
배색무늬뜨기 B

□ = □

배색 {
=보라색
=라이트그레이 3가닥
=라이트그린
=녹색 3가닥
=오렌지
=펄오렌지 3가닥
}

←단 정리

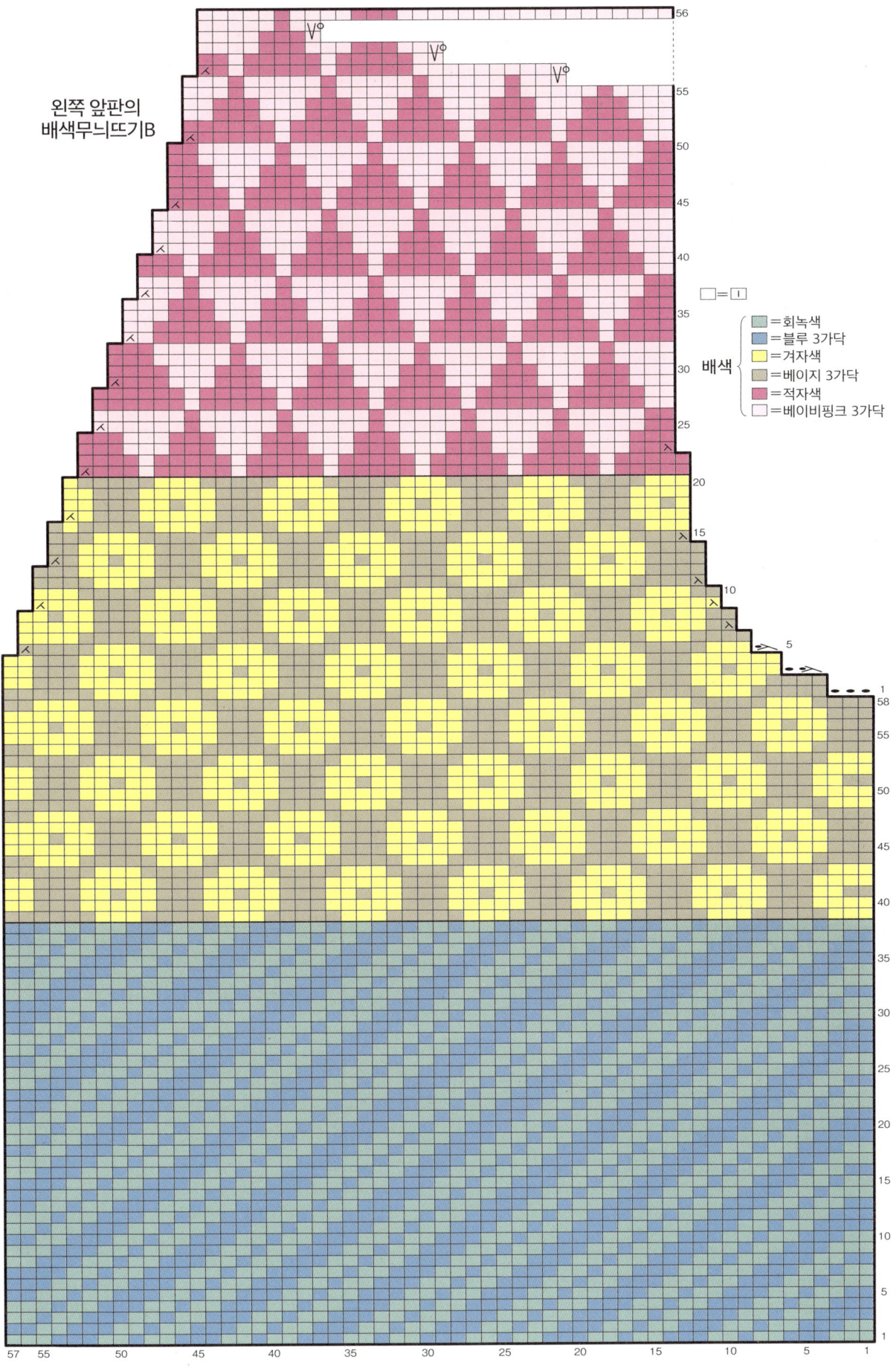

● 재료
리치모어 퍼센트 검은색(90) 330g, 베이지(19), 라이트베이지(83), 코르크(84), 엄버(85), 캐러멜(116) 각 10g, 진갈색(89), 라이트그레이(121) 각 5g, 새먼핑크(79), 테라코타(115) 약간씩

● 완성 치수
가슴둘레 104㎝, 총길이 60㎝, 어깨너비 52㎝, 소매길이 50.5㎝

● 도구
대바늘 5호, 3호

● 게이지
10㎝×10㎝ 메리야스뜨기, 배색무늬뜨기 모두 23코 32단

● 뜨는 방법
풀어내는 시작코를 만들어서 뜨기 시작하며 뒤판은 메리야스뜨기, 앞판은 메리야스뜨기와 세로 배색무늬뜨기로 뜹니다. 코줄이기 부분에서 2코 이상은 덮어씌우고 1코는 끝부분의 1코를 세워서 코를 줄입니다. 어깨는 빼뜨기로 잇습니다. 소매는 몸판에서 코를 주워 메리야스뜨기로 뜹니다. 소매옆선의 코줄이기 부분은 끝에서 두 번째와 세 번째 코를 2코 모아뜨기합니다. 소맷단은 2코고무뜨기하고 뜨개 끝부분은 아랫단과 같은 코를 떠가며 덮어씌워 코막음합니다. 옆선과 소매옆선은 실을 떠 올려서 잇기로 연결합니다. 밑단의 시작코를 풀어낸 뒤 코를 주워서 2코고무뜨기를 원통으로 뜹니다. 뜨개 끝부분은 소맷단과 같은 방법으로 뜹니다. 목둘레단은 코를 주워서 2코고무뜨기를 원통으로 뜨고 뜨개 끝부분은 2코고무뜨기하며 덮어씌워 코막음합니다.

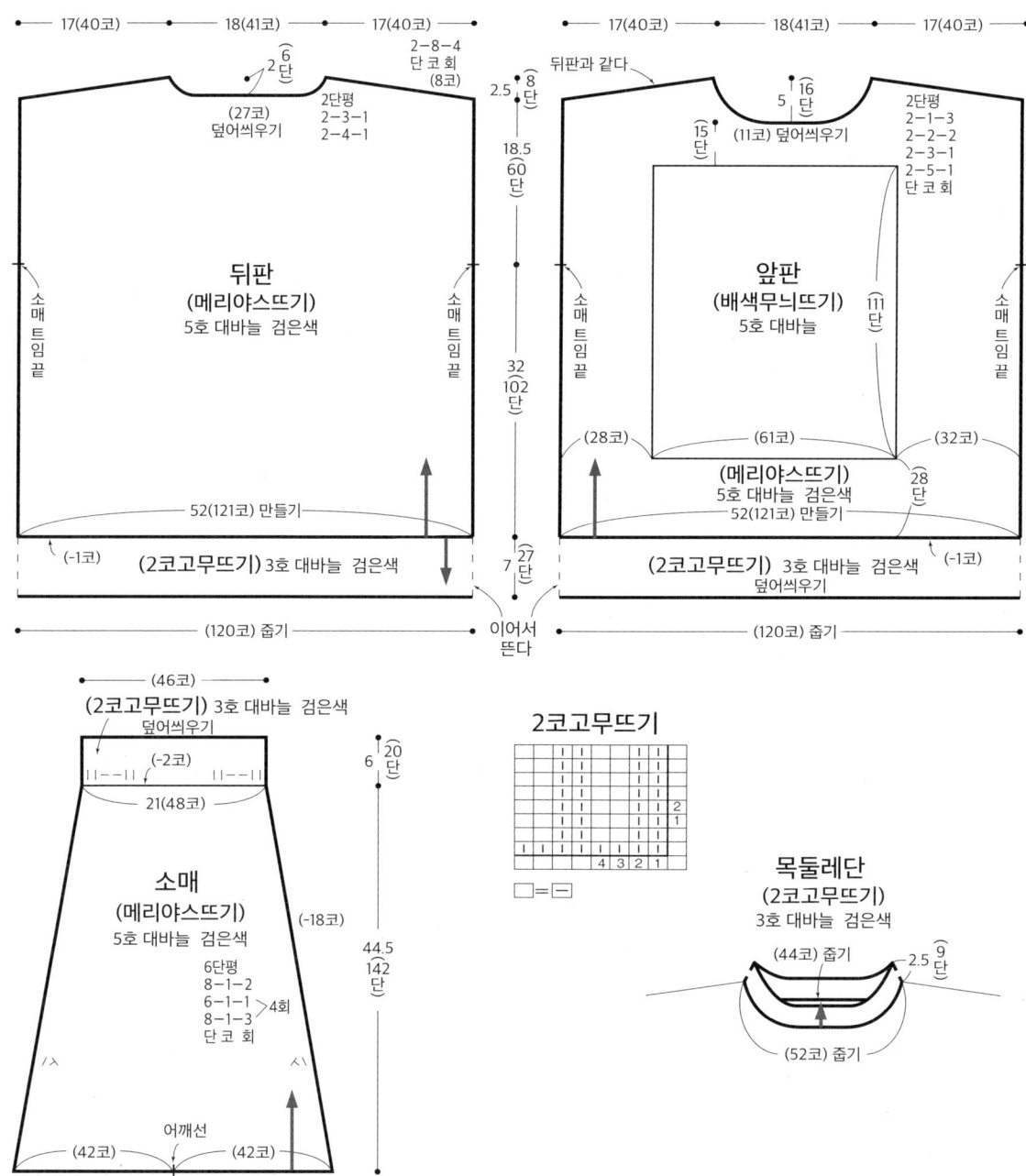

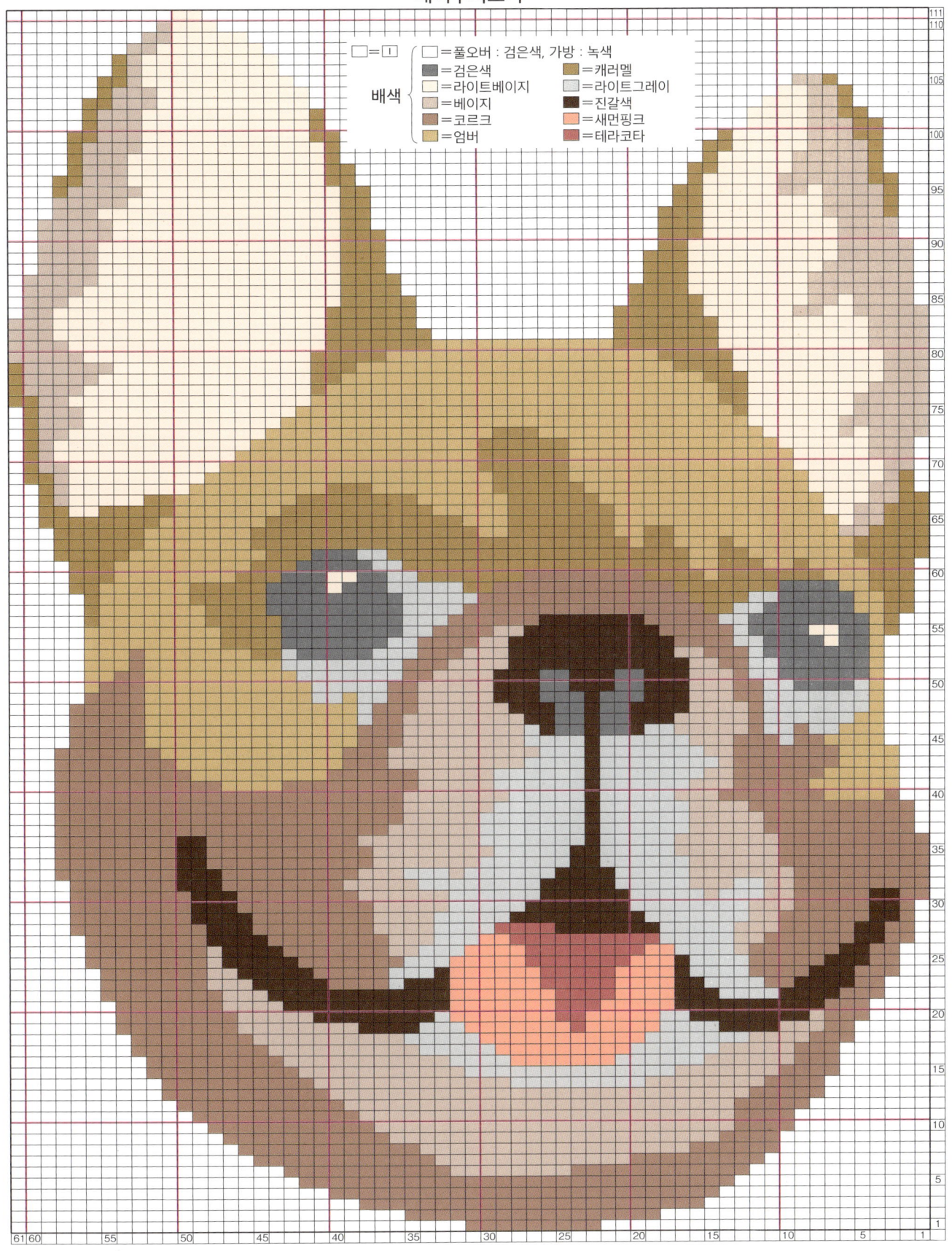

프렌치 불도그 가방

작품 → p19

● **재료**
리치모어 퍼센트 녹색(107) 120g, 베이지(19), 라이트베이지(83), 코르크(84), 엄버(85), 캐러멜(116) 각 10g, 진갈색(89), 라이트그레이(121) 각 5g, 새먼핑크(79), 검은색(90), 테라코타(115) 약간씩. 폭 1cm 헤링본 면테이프 134cm, 안감 38cm×80cm 1장

● **완성 치수**
폭 36cm, 높이 38cm (손잡이 미포함)

● **도구**
대바늘 5호, 코바늘 4/0호

● **게이지**
10cm×10cm 메리야스뜨기, 배색무늬뜨기 모두 23코 32단

● **뜨는 방법**
일반적인 시작코를 만들어서 뜨기 시작하며 뒷면은 메리야스뜨기, 앞면은 메리야스뜨기와 세로 배색무늬뜨기로 뜹니다. 뜨개 끝부분은 덮어씌워 코막음합니다. 바닥은 메리야스 잇기, 옆선은 실을 떠 올려서 잇기로 연결하고 입구는 원통으로 테두리뜨기합니다. 손잡이는 일반적인 시작코를 만들어서 메리야스뜨기로 뜹니다. 뜨개 끝부분은 덮어씌워 코막음합니다. 헤링본 면테이프를 손잡이 안에 넣어 감싸고 양옆의 실을 떠 올려서 잇기로 원통 모양으로 만듭니다. 안감을 준비해서 손잡이를 본체와 안감 사이에 끼워 넣은 후 꿰맵니다.

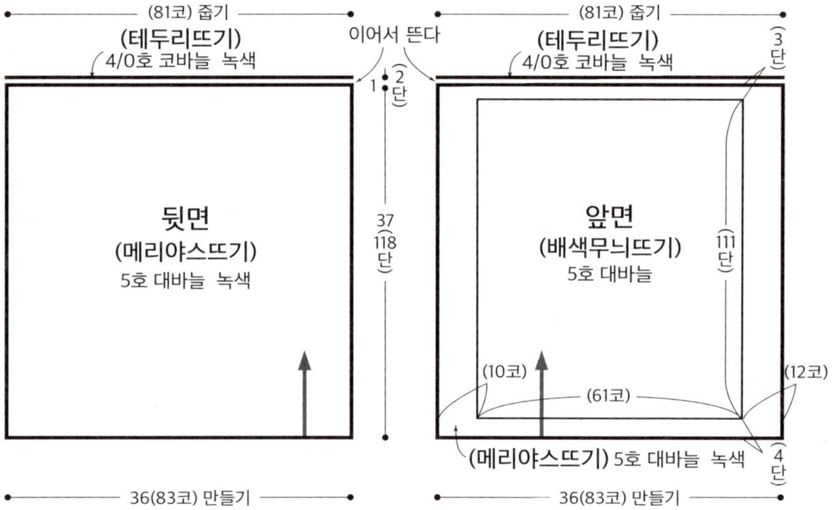

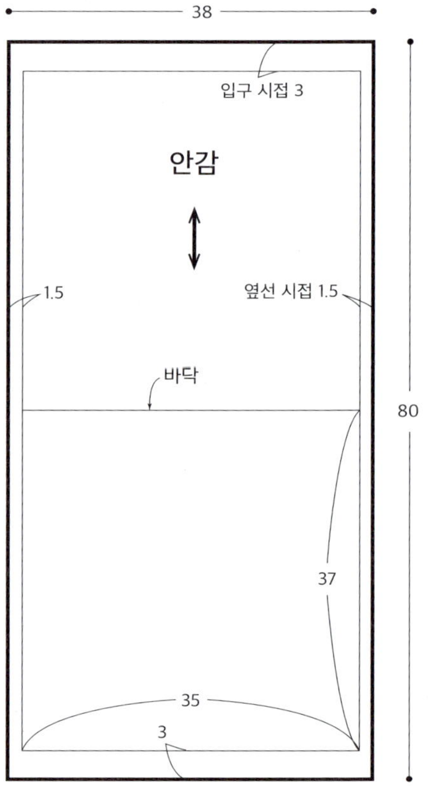

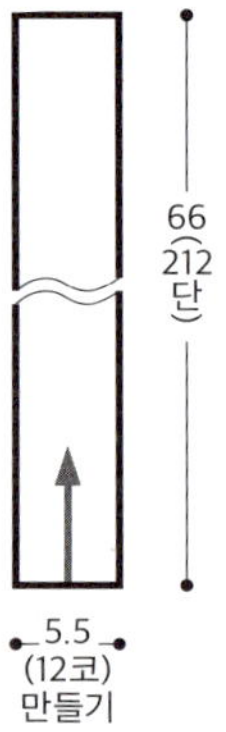

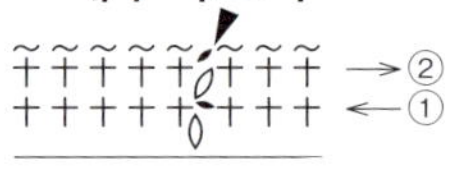

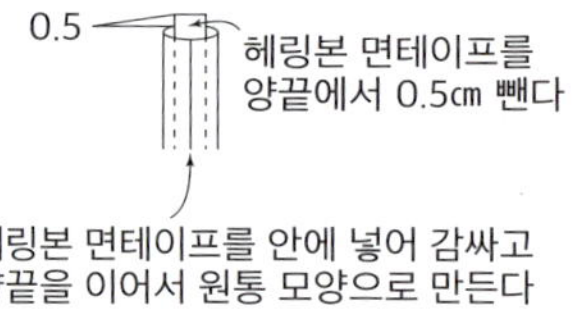

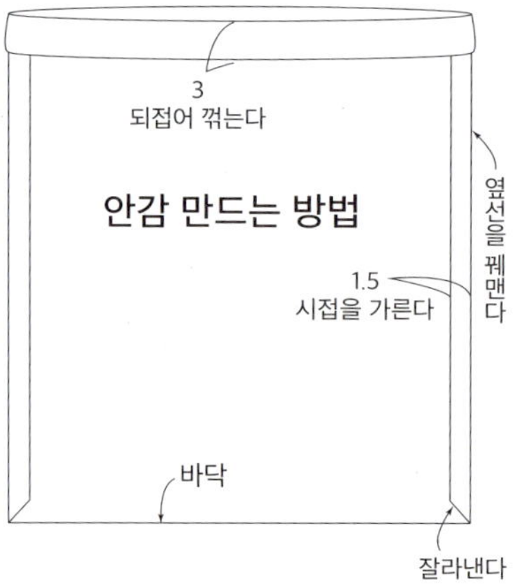

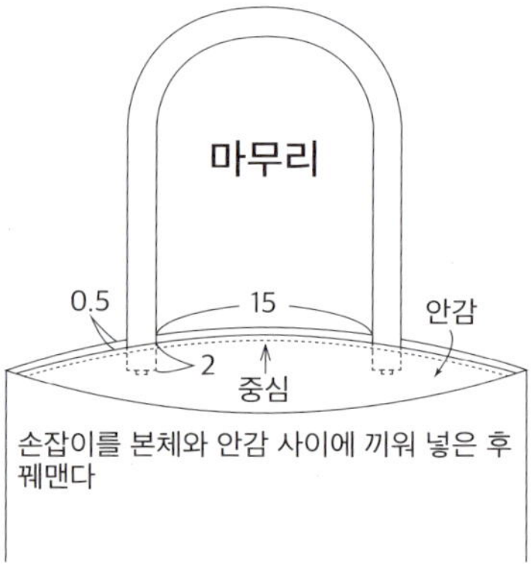

← 배색무늬뜨기 도안은 p63

알록달록한 열매 풀오버

작품 → p14

● 재료
퍼피 린칸토 no.9, 브리티시 에로이카, 유리카 모헤어(사용량은 일람표 참조)

● 완성 치수
가슴둘레 120cm, 총길이 57cm, 어깨너비 60cm, 소매길이 29.5cm

● 도구
대바늘 9호, 7호

● 게이지
10cm×10cm 배색무늬뜨기, 메리야스뜨기 모두 16코 22단

● 뜨는 방법
풀어내는 시작코를 만들어서 뜨기 시작하며 뒤판은 메리야스뜨기와 배색무늬뜨기A, B, 앞판은 배색무늬뜨기C, 소매는 메리야스뜨기로 뜹니다. 배색무늬는 세로 배색무늬뜨기로 뜹니다. 코줄이기 부분에서 2코 이상은 덮어씌우고 1코는 끝부분의 1코를 세워서 코를 줄입니다. 몸판에 수를 놓는데 앞판과 뒤판이 이어지는 부분은 옆선의 실을 떠 올려서 이은 후에 수놓습니다. 소맷단은 시작코를 풀어낸 뒤 코를 주워서 무늬뜨기합니다. 뜨개 끝부분은 아랫단과 같은 방법으로 떠가며 덮어씌워 코막음합니다. 어깨는 빼뜨기로 잇기, 소매는 코와 단 잇기, 옆선과 소매옆선은 실을 떠 올려서 잇기로 연결합니다. 목둘레단은 코를 줍고 밑단은 시작코를 풀어내서 코를 주워 무늬뜨기를 원통으로 뜹니다. 뜨개 끝부분은 소맷단과 같은 방법으로 뜹니다.

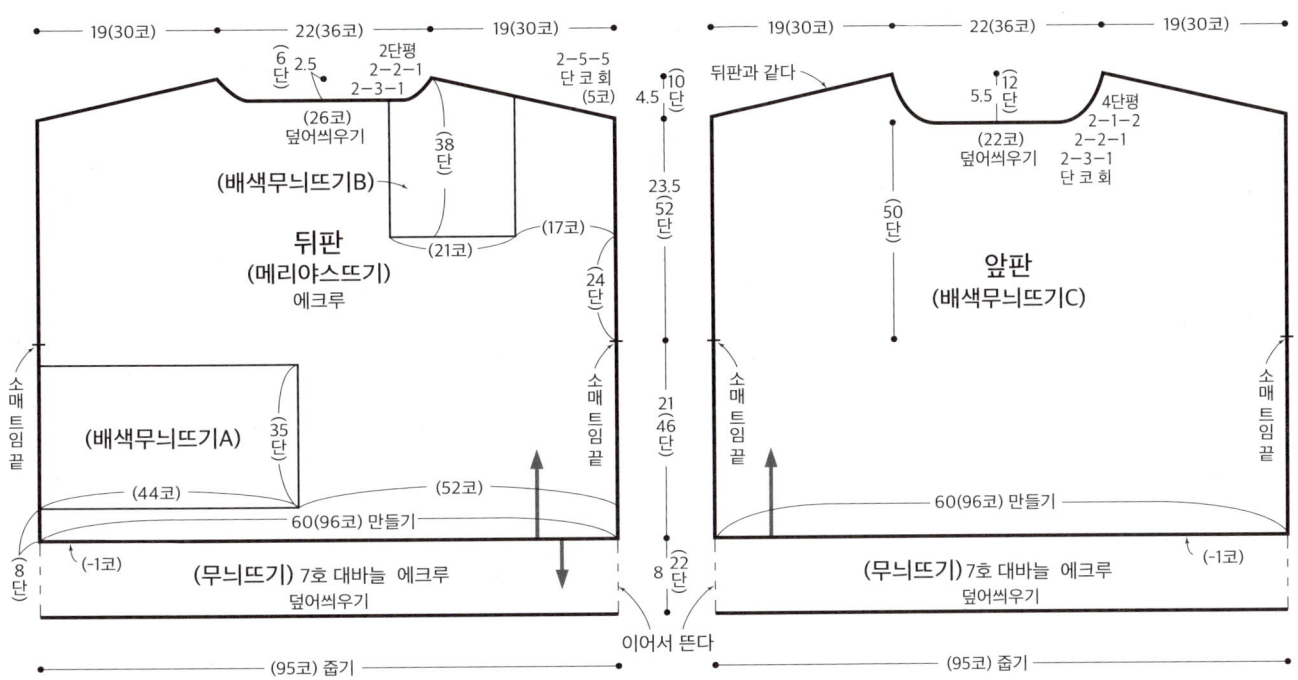

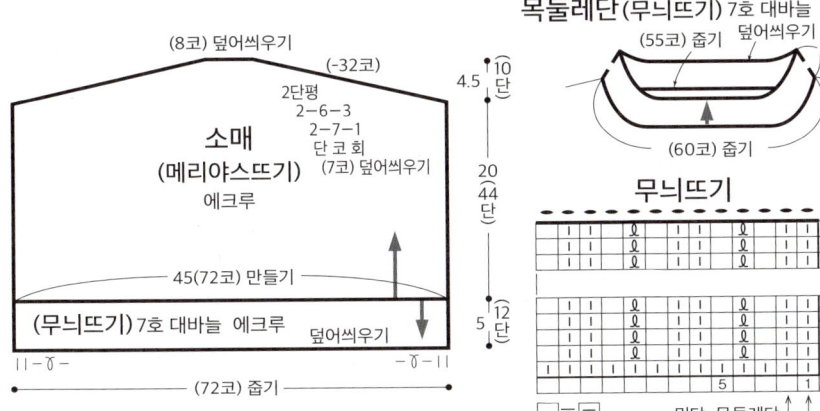

사용량 일람표

린칸토 no.9	
에크루(901)	495g
브리티시 에로이카	
진녹색(209)	25g
녹색(197)	10g
남색(101)	5g
보라색(183)	5g
와인레드(168)	3g
오렌지(186)	3g
유리카 모헤어	
파란색(304)	5g
빨간색(307)	3g
노란색(306)	약간

p66에 계속 →

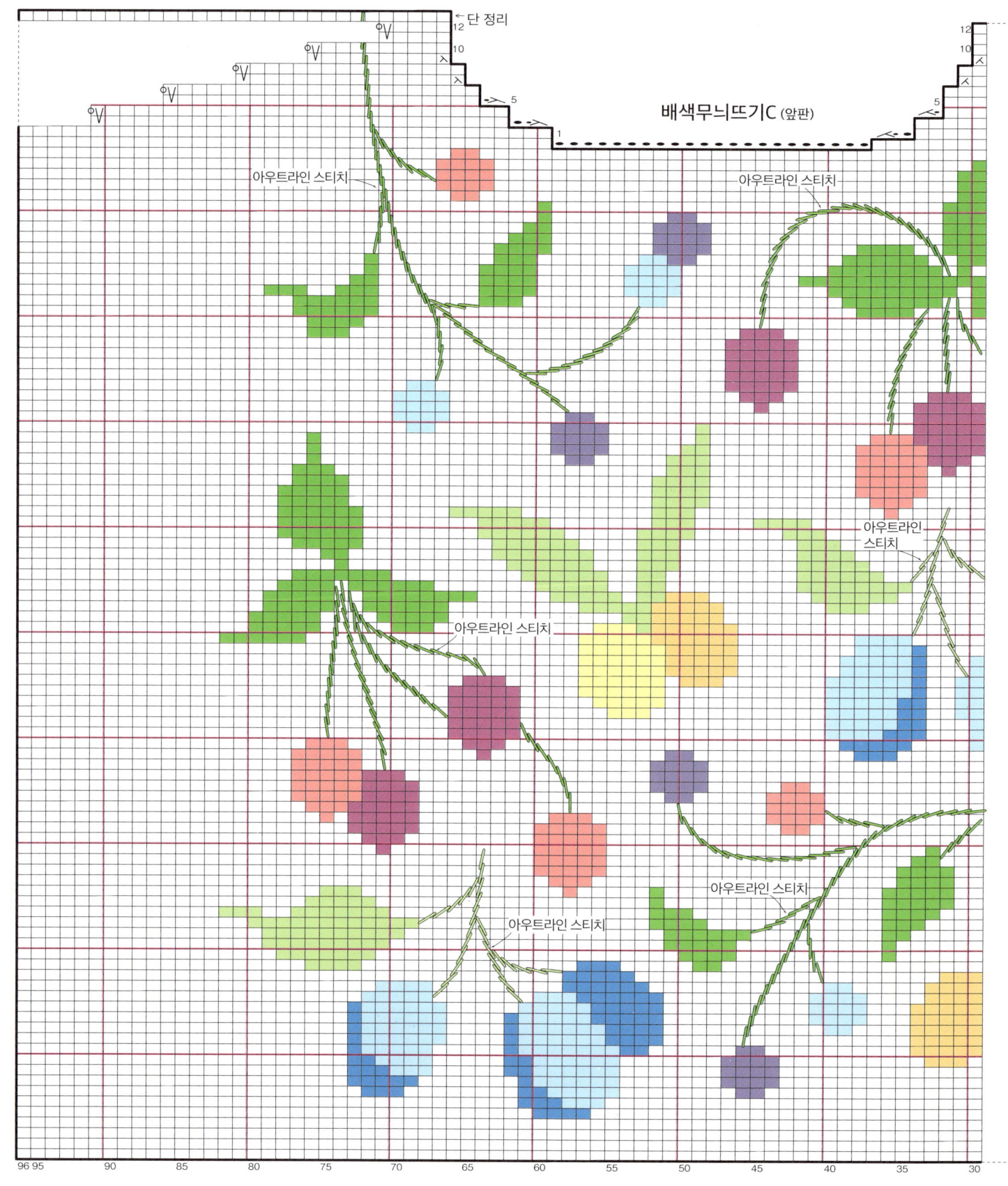

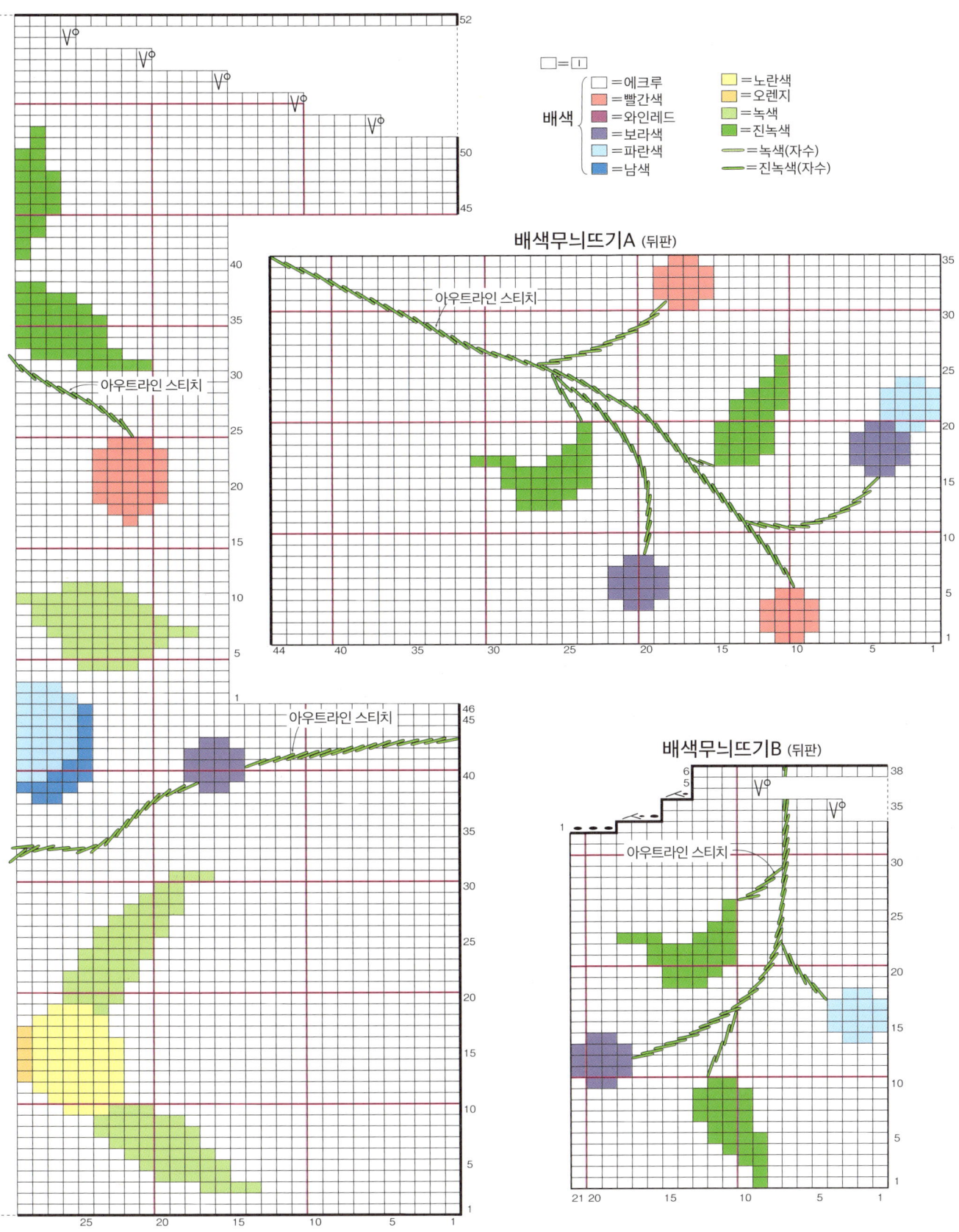

- **재료**
퍼피 브리티시 파인 다크그레이(012) 120g, 그레이(009) 15g, 라이트베이지(021), 갈색(037) 각 10g. 미루아르 '페를' 브론즈(404) 3g. 지름 6mm 육각형 스팽글 골드 204개

- **완성 치수**
가슴둘레 102㎝, 어깨너비 45㎝, 총길이 53㎝

- **도구**
대바늘 4호, 3호

- **게이지**
10㎝×10㎝ 배색무늬뜨기 24코 28단

- **뜨는 방법**
브리티시 파인은 1가닥, 미루아르 '페를'은 2가닥으로 뜹니다. 풀어내는 시작코를 만들어서 뜨기 시작하며 가로 배색무늬뜨기로 뜹니다. 배색무늬를 넣는 단의 경우 뜨개 끝부분의 1코는 2색을 함께 뜹니다. 걸친 실이 5코 이상인 부분은 중심에서 실을 감아가며 뜹니다. 코줄이기 부분에서 2코 이상은 덮어씌우고 1코는 끝부분의 1코를 세워서 코를 줄입니다. 밑단은 시작코를 풀어낸 뒤 코를 주워서 1코고무뜨기합니다. 뜨개 끝부분은 아랫단과 같은 방법으로 떠가며 덮어씌워 코막음합니다. 몸판의 가장자리를 제외하고 스팽글을 답니다. 어깨는 빼뜨기로 잇고, 옆선은 실을 떠 올려서 잇기로 연결합니다. 목둘레단과 진동둘레는 코를 주워서 1코고무뜨기를 원통으로 뜹니다. 뜨개 끝부분은 밑단과 같은 방법으로 뜹니다. 옆선을 이은 부분에 스팽글을 답니다.

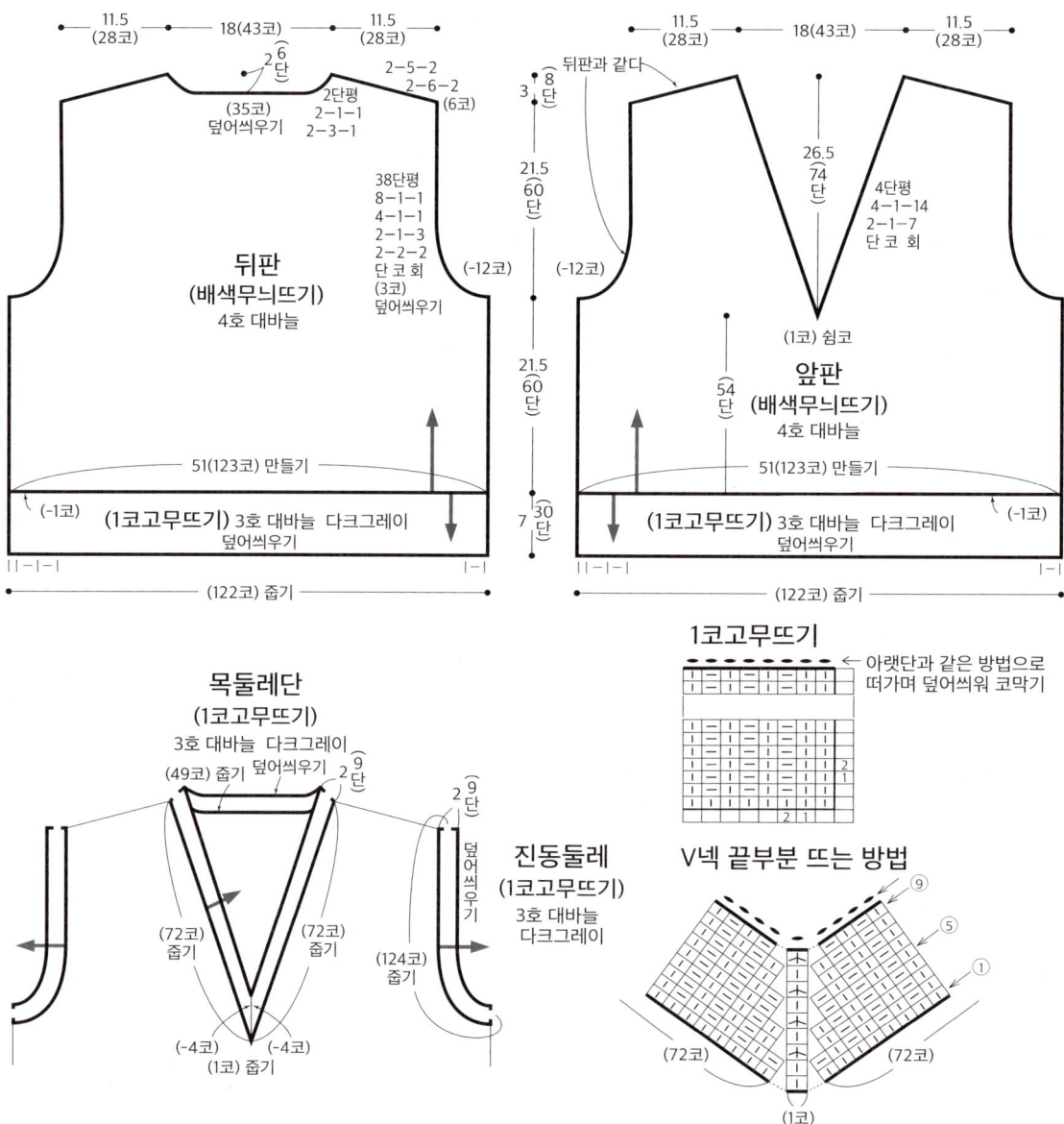

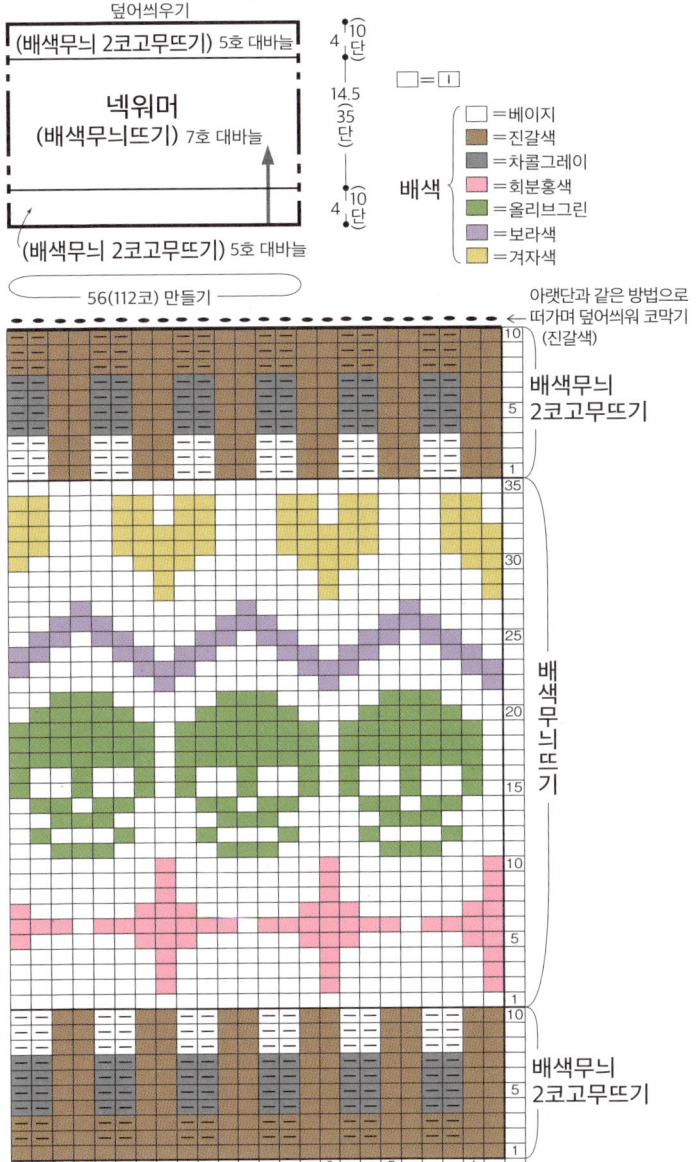

스컬 넥워머 작품 → p 23

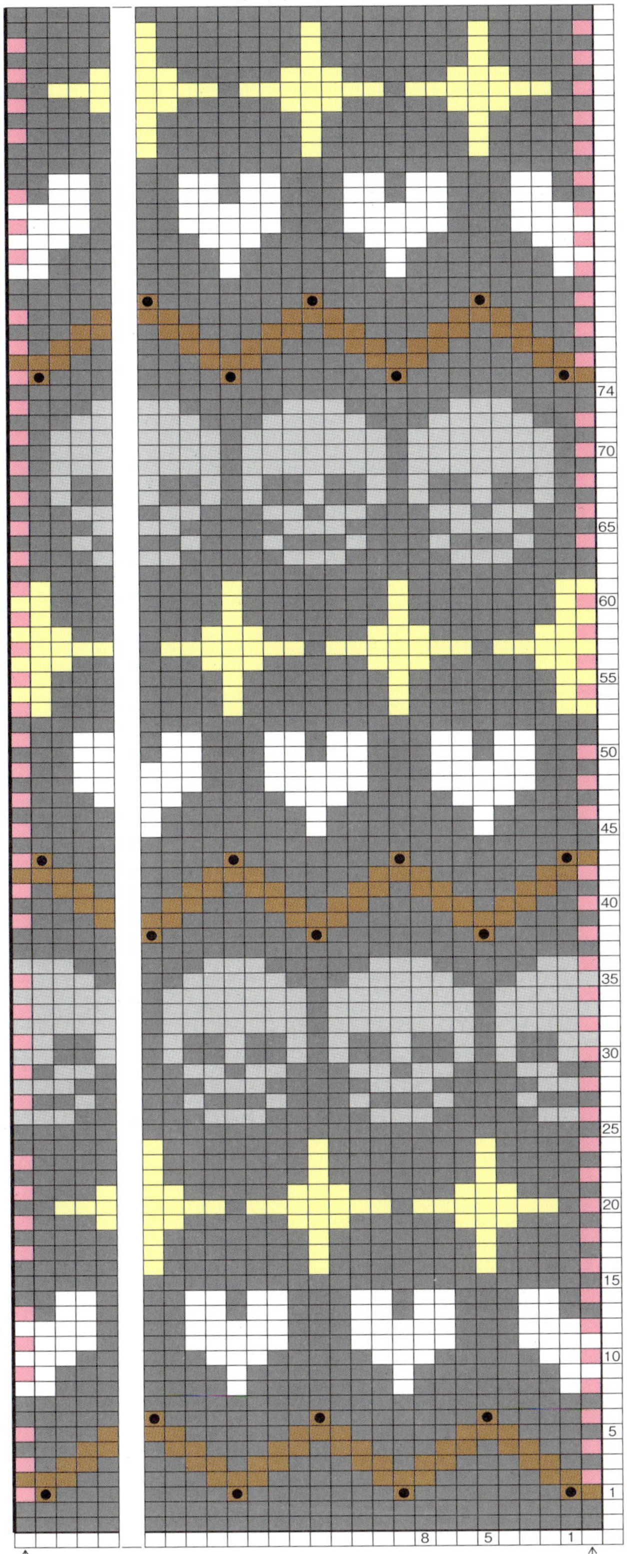

● 재료
퍼피 퀸애니 베이지(955) 40g, 진갈색(831) 25g, 겨자색(104), 차콜그레이(833), 올리브그린(971) 각 10g, 회분홍색(978), 보라색(981) 각 5g

● 완성 치수
목둘레 56cm, 길이 22.5cm

● 도구
대바늘 7호, 5호

● 게이지
10cm×10cm 배색무늬뜨기 20코 24단

● 뜨는 방법
일반적인 시작코를 만들어서 원통으로 뜹니다. 가로 배색무늬 2코고무뜨기, 배색무늬뜨기로 뜹니다. 걸친 실이 5코 이상인 부분은 중심에서 실을 감아가며 뜹니다. 마지막 부분도 배색무늬 2코고무뜨기를 뜨고, 뜨개 끝부분은 아랫단과 같은 방법으로 떠가며 덮어씌워 코막음합니다.

훌라 걸 카디건
작품 → p 30

- **재료**
퍼피 모나르카, 브리티시 에로이카(사용량은 일람표 참조). 지름 1.8cm 단추 4개

- **완성 치수**
가슴둘레 111cm, 총길이 56cm, 뒷목 중심에서 소매끝까지의 길이 68.5cm

- **도구**
대바늘 9호, 7호

- **게이지**
10cm×10cm 메리야스뜨기, 배색무늬뜨기 모두 18코 24단

- **뜨는 방법**
풀어내는 시작코를 만들어서 뜨기 시작하며 뒤판과 앞판은 메리야스뜨기와 세로 배색무늬뜨기, 소매는 메리야스뜨기로 뜹니다. 래글런선의 코줄이기 부분은 끝부분의 2코를 세워서 코를 줄이고, 목둘레는 2코 이상은 덮어씌우고 1코는 끝부분의 1코를 세워서 코를 줄입니다. 소맷단의 시작코를 풀어낸 뒤 코를 주워서 무늬뜨기합니다. 뜨개 끝부분은 아랫단과 같은 방법으로 떠가며 덮어씌워 코막음합니다. 래글런선, 옆선, 소매옆선은 실을 떠 올려서 잇기로 연결합니다. 밑단은 시작코를 풀어내서 코를 줍고 앞여밈단, 목둘레단은 코를 주워서 무늬뜨기합니다. 뜨개 끝부분은 소맷단과 같은 방법으로 뜹니다.

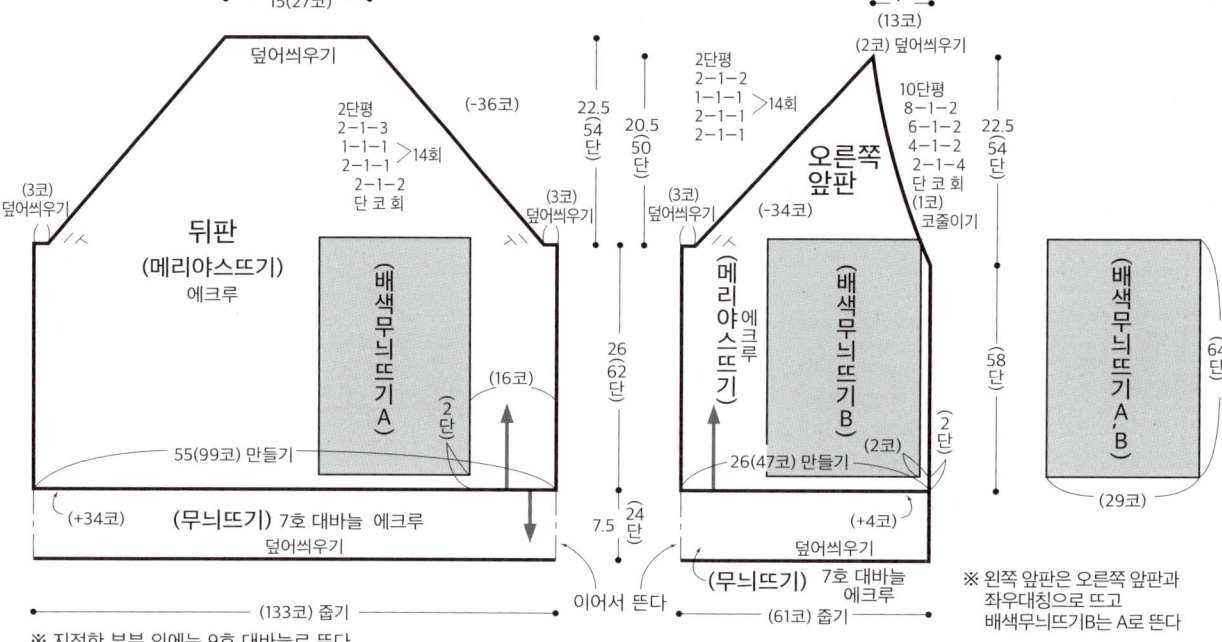

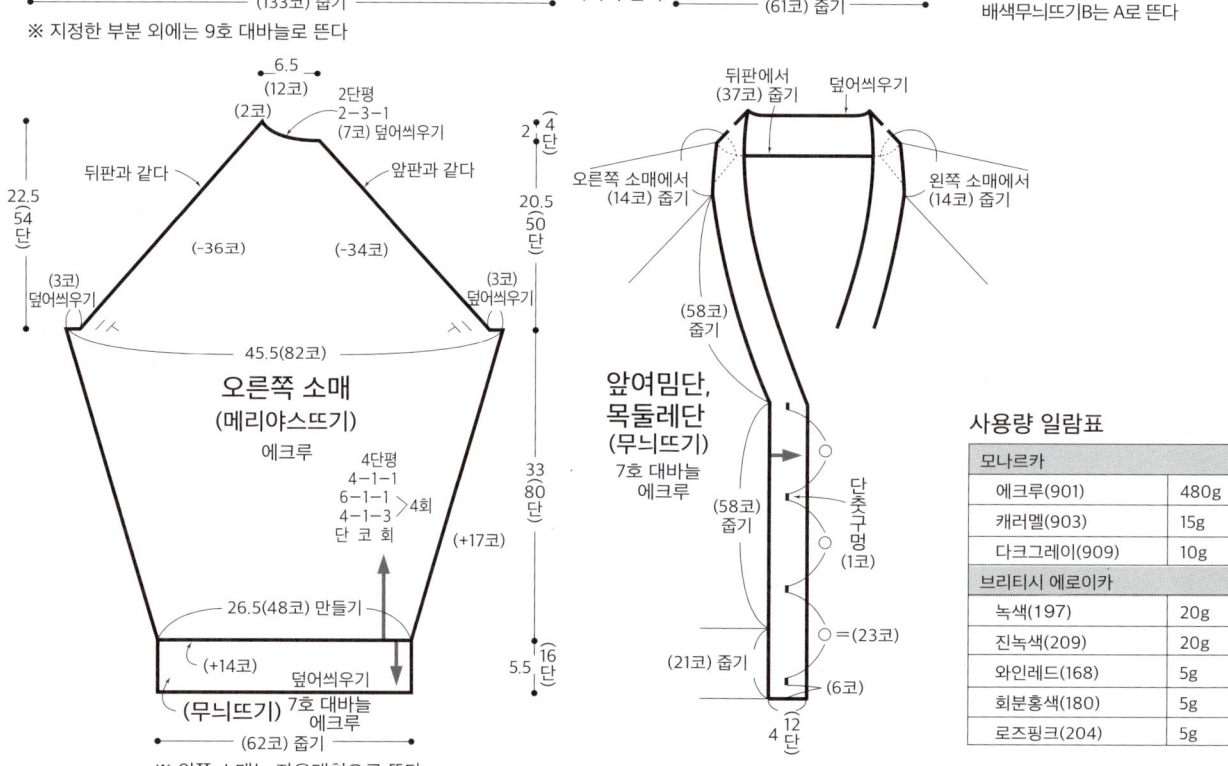

사용량 일람표

모나르카	
에크루(901)	480g
캐러멜(903)	15g
다크그레이(909)	10g
브리티시 에로이카	
녹색(197)	20g
진녹색(209)	20g
와인레드(168)	5g
회분홍색(180)	5g
로즈핑크(204)	5g

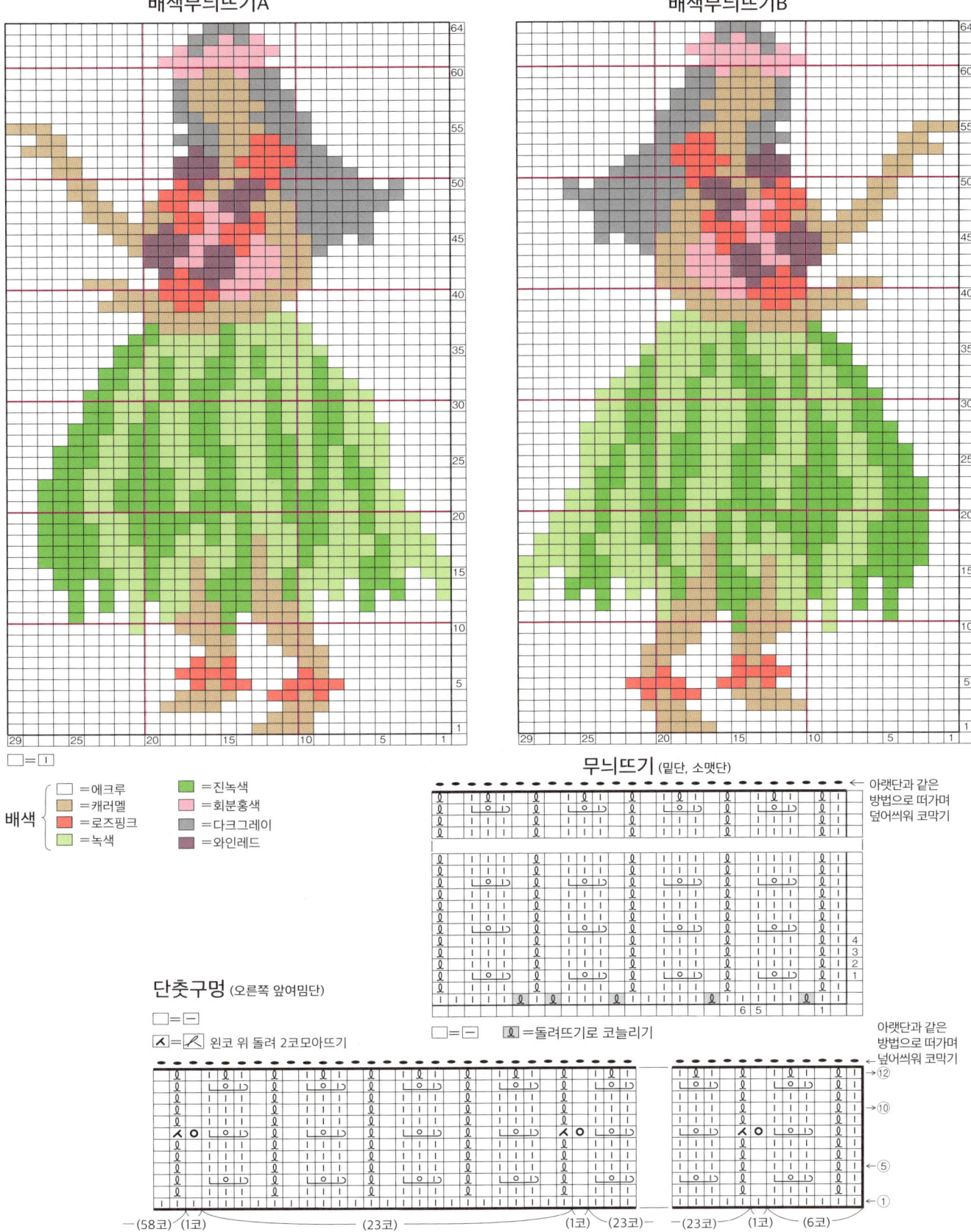

거리 풍경 가방

작품 → p 30

● 재료
NV얀 나미부토, 루프(사용량은 일람표 참조). 폭 1cm 헤링본 면테이프, 안감(사용량은 일람표 참조).

● 완성 치수
N 작은 핸드백 : 폭 24cm, 높이 15cm. O 숄더백 : 폭 16cm, 높이 20cm. P 큰 핸드백 : 폭 24cm, 높이 20cm

● 도구
대바늘 10호, 코바늘 7/0호, 9/0호(숄더백만)

● 게이지
10cm×10cm 배색무늬뜨기A, B 모두 15코 21단

● 뜨는 방법
전체를 지정한 실 2가닥으로 뜹니다. 가방 본체는 일반적인 시작코를 만들어서 뜨기 시작합니다. 5단의 뜨개 끝부분에서 5코를 감아코 만들기로 코늘리기합니다. 6단의 뜨개 끝부분에서도 5코를 감아코 만들기로 코늘리기합니다. 배색무늬는 세로 배색무늬뜨기로 뜨는데 창문과 문 부분은 가로 배색무늬뜨기로 떠도 상관없습니다. 가로 배색무늬뜨기할 경우에는 실이 울지 않게 주의합니다. 뜨개 끝부분은 아랫단과 같은 색의 실로 덮어씌워 코막음합니다. 옆선은 실을 떠 올려서 잇기로 연결하고 수놓습니다. 바닥은 메리야스 잇기, 바닥폭 부분은 코와 단 잇기로 연결합니다. 테두리뜨기를 원통으로 뜹니다. 어깨끈은 사슬뜨기 시작코를 만들어서 짧은뜨기합니다. 손잡이는 일반적인 시작코를 만들어서 뜨기 시작하며 메리야스뜨기한 후, 뜨개 끝부분은 덮어씌워 코막음합니다. 숄더백의 어깨끈에 심을 넣어 꿰맵니다. 핸드백은 헤링본 면테이프를 손잡이 안에 넣어 감싸고 양옆의 실을 떠 올려서 잇기로 원통 모양으로 만듭니다. 안감을 준비해서 손잡이와 어깨끈을 본체와 안감 사이에 끼워 넣은 후 꿰맵니다.

사용량 일람표

	N : 작은 핸드백		O : 숄더백		P : 큰 핸드백	
나미부토						
	군청색(11)	30g	다홍색(3)	25g	담흑색(15)	40g
	먹황색(6)	30g	연두색(9)	15g	검은색(16)	30g
	연두색(9)	20g	적흑색(14)	15g	먹황색(6)	20g
	적흑색(14)	15g	벚꽃색(2)	10g	진녹색(10)	20g
	치자색(7)	10g	치자색(7)	10g	낙엽색(13)	20g
	주황색(8)	10g	낙엽색(13)	5g	심홍색(5)	10g
	빨간색(4)	5g	순백색(1)	5g	적흑색(14)	10g
루프						
	순백색(201)	10g	남철색(205)	20g	남철색(205)	10g
	연분홍색(203)	5g	목련색(202)	5g	회색(206)	10g
	회색(206)	5g	연분홍색(203)	5g	목련색(202)	5g
폭 1cm 헤링본 면테이프						
	48cm	1줄			68cm	1줄
안감						
	34cm×37cm	1줄	26cm×46cm	1줄	34cm×46cm	1줄
			4cm×117cm (어깨끈 심)	1줄		

배색 일람표

	작은 핸드백	숄더백	큰 핸드백
a	군청색	루프 남철색	검은색
b	연두색	적흑색	진녹색
c	빨간색	낙엽색	심홍색
d	치자색	벚꽃색	낙엽색
e	적흑색	다홍색	담흑색
f	주황색	치자색	적흑색
g	먹황색	연두색	먹황색
h	루프 연분홍색	루프 목련색	루프 목련색
i	루프 회색	루프 연분홍색	루프 남철색
j	루프 순백색	순백색	루프 회색

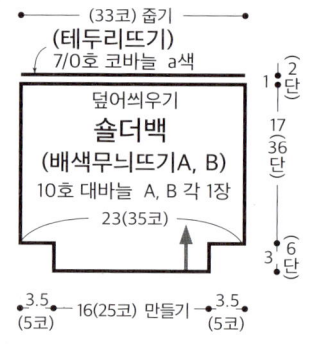

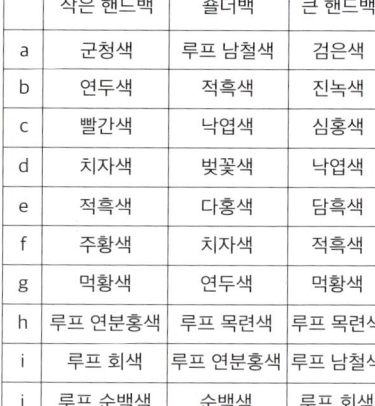

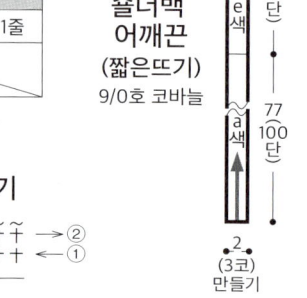

테두리뜨기

► = 실을 자른다

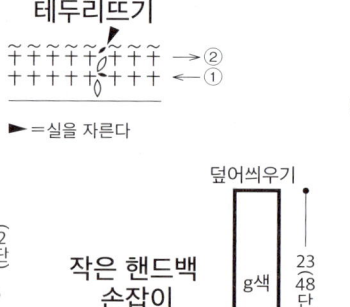

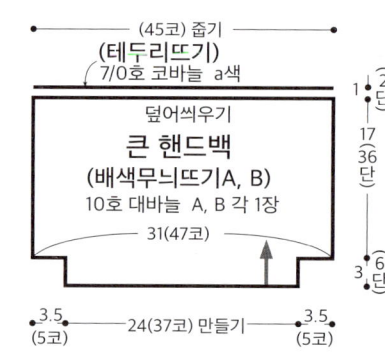

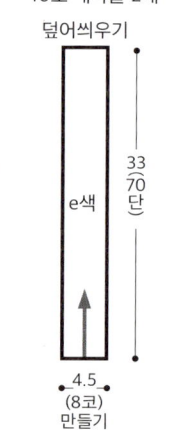

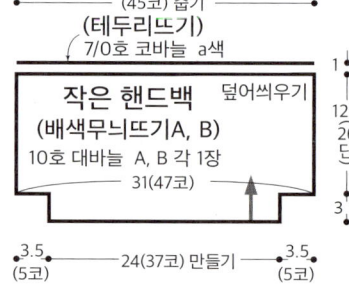

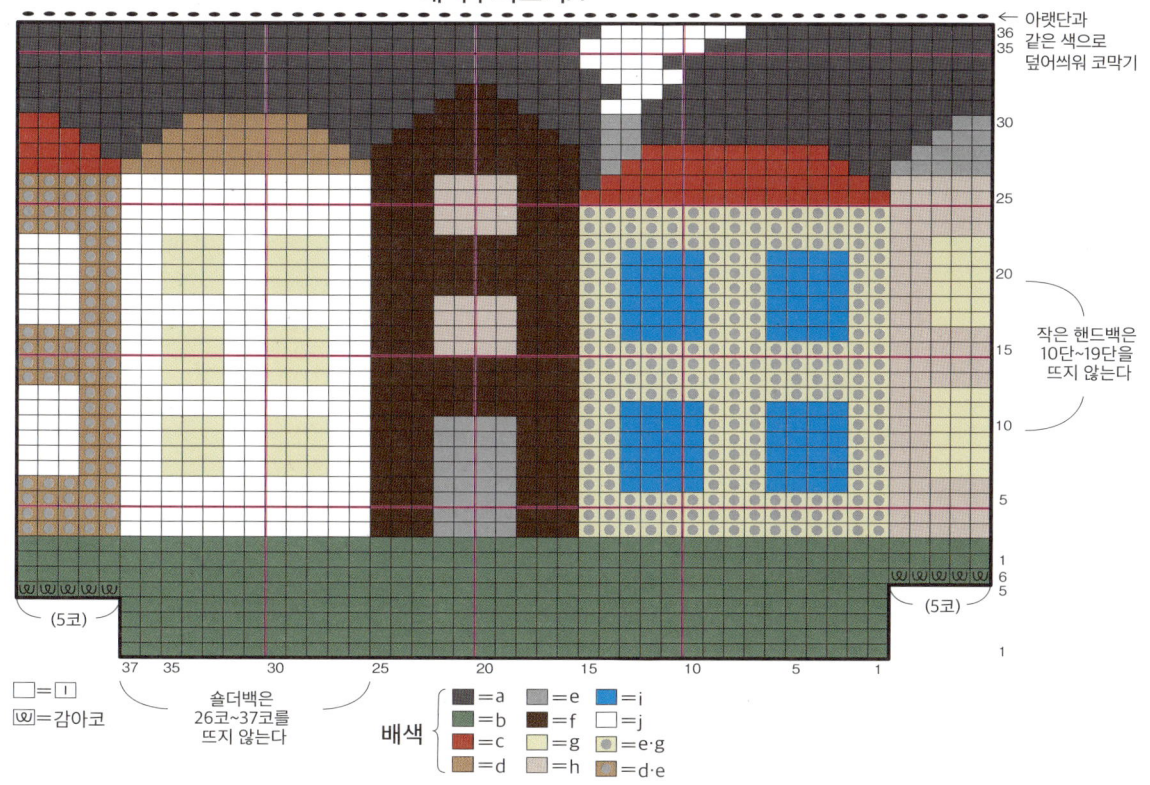

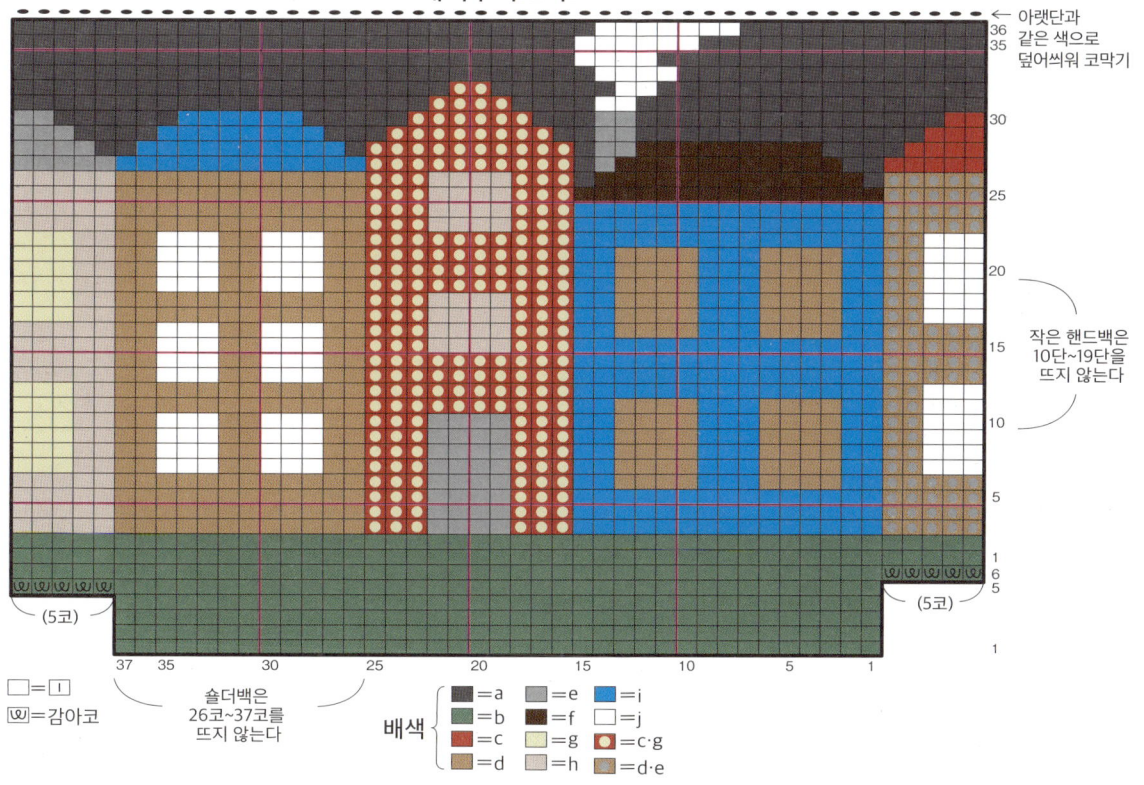

→ p73에서 이어집니다

자수 배색 일람표

	작은 핸드백	숄더백	큰 핸드백
d	치자색	벚꽃색	낙엽색
e	적흑색	다홍색	담흑색
f	주황색	치자색	적흑색
g	먹황색	연두색	먹황색

배색
= d
= e
= f
= g

※ 자수는 전부 2가닥
※ 창틀과 문의 스트레이트 스티치를 먼저 수놓은 뒤 쇼트스트레이트 스티치로 막는다
※ 배색무늬뜨기B에도 같은 배색으로 수놓는다

자수 배치도 (A, B 공통)

체인 스티치

스트레이트 스티치

쇼트스트레이트 스티치

프렌치노트 스티치

쇼트스트레이트 스티치

스트레이트 스티치

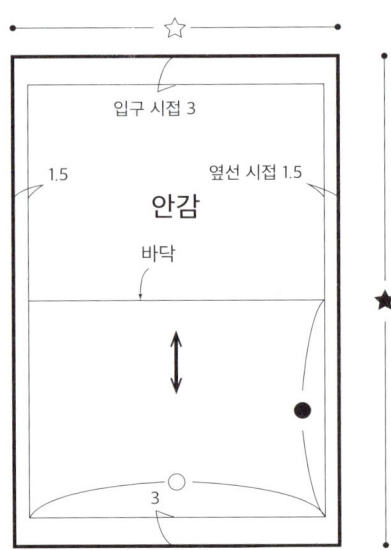

안감
입구 시접 3
옆선 시접 1.5
1.5
바닥
3

○ = 숄더백 23㎝, 큰 핸드백, 작은 핸드백 31㎝
● = 숄더백 20㎝, 큰 핸드백 20㎝, 작은 핸드백 15.5㎝
☆ = 숄더백 26㎝, 핸드백 공통 34㎝
★ = 숄더백 46㎝, 큰 핸드백 46㎝, 작은 핸드백 37㎝

안감 만드는 방법
되접어 꺾는다
3
1.5 시접을 가른다
바닥
안감의 안쪽이 밖으로 나오게 마주 놓은 채로 접고 양옆을 꿰맨다

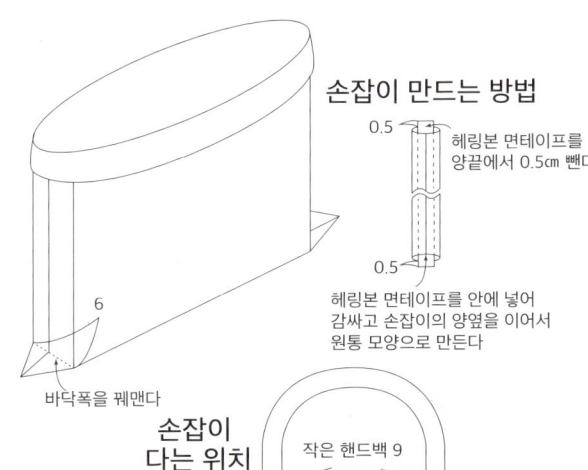

손잡이 만드는 방법
0.5
헤링본 면테이프를 양끝에서 0.5㎝ 뺀다
0.5
헤링본 면테이프를 안에 넣어 감싸고 손잡이의 양옆을 이어서 원통 모양으로 만든다

6
바닥폭을 꿰맨다

손잡이 다는 위치
작은 핸드백 9
큰 핸드백 10
중심
손잡이는 본체의 중심에서 지정한 위치에 단다

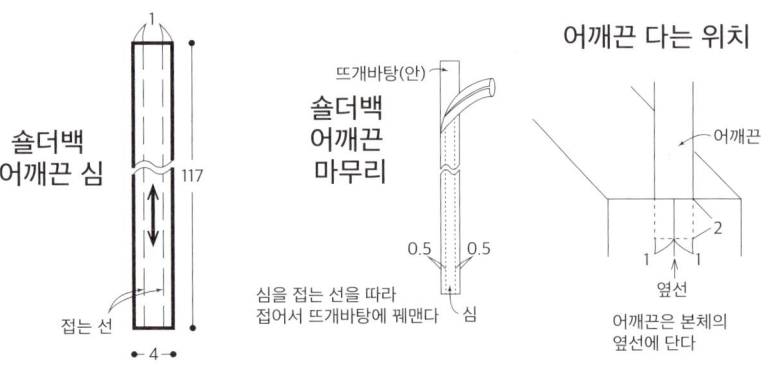

숄더백 어깨끈 심
1
117
접는 선
4

숄더백 어깨끈 마무리
뜨개바탕(안)
0.5 0.5
심
심을 접는 선을 따라 접어서 뜨개바탕에 꿰맨다

어깨끈 다는 위치
어깨끈
2
1 1
옆선
어깨끈은 본체의 옆선에 단다

마무리
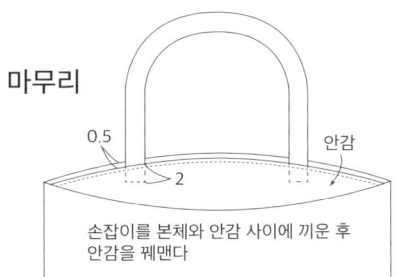
0.5
안감
2
손잡이를 본체와 안감 사이에 끼운 후 안감을 꿰맨다

74

삼각 숄 작품 → p34

● 재료
로완 키드실크 헤이즈 남색(632) 25g, 로즈핑크(583), 진갈색(674), 핑크(688) 각 20g, 베이비핑크(580), 베이지(686) 각 15g, 황록색(597), 청록색(666), 겨자색(684) 각 10g

● 완성 치수
폭 154cm, 길이 65cm

● 도구
대바늘 5호

● 게이지
10cm×10cm 무늬뜨기 18.5코 35단

● 뜨는 방법
전체를 지정한 실 2가닥으로 뜹니다. 일반적인 시작코로 5코를 만들고 중심과 양옆에서 코를 늘려가며 무늬뜨기로 줄무늬를 뜹니다. 색을 바꿀 때 실끝을 4코만큼 겹쳐서 뜬 뒤 남은 실을 잘라내가며 실끝을 처리합니다. 뜨개 끝부분은 안쪽에서 덮어씌워 코막음합니다.

배색 일람표

단수	배색	코늘리기
173~179단	남색 2가닥	+16코
167~172단	진갈색, 남색 각 1가닥	+12코
161~166단	진갈색 2가닥	+12코
155~160단	로즈핑크, 진갈색 각 1가닥	+12코
149~154단	로즈핑크 2가닥	+12코
143~148단	핑크, 로즈핑크 각 1가닥	+12코
137~142단	핑크 2가닥	+12코
131~136단	베이비핑크, 핑크 각 1가닥	+12코
125~130단	베이비핑크 2가닥	+12코
119~124단	베이지, 베이비핑크 각 1가닥	+12코
113~118단	베이지 2가닥	+12코
107~112단	겨자색, 베이지 각 1가닥	+12코
101~106단	겨자색 2가닥	+12코
95~100단	황록색, 겨자색 각 1가닥	+12코
89~94단	황록색 2가닥	+12코
83~88단	청록색, 황록색 각 1가닥	+12코
77~82단	청록색 2가닥	+12코
71~76단	남색, 청록색 각 1가닥	+12코
65~70단	남색 2가닥	+12코
59~64단	진갈색, 남색 각 1가닥	+12코
53~58단	진갈색 2가닥	+12코
47~52단	로즈핑크, 진갈색 각 1가닥	+12코
41~46단	로즈핑크 2가닥	+12코
35~40단	핑크, 로즈핑크 각 1가닥	+12코
29~34단	핑크 2가닥	+12코
23~28단	베이비핑크, 핑크 각 1가닥	+12코
17~22단	베이비핑크 2가닥	+12코
11~16단	베이지, 베이비핑크 각 1가닥	+12코
1~10단	베이지 2가닥	+14코

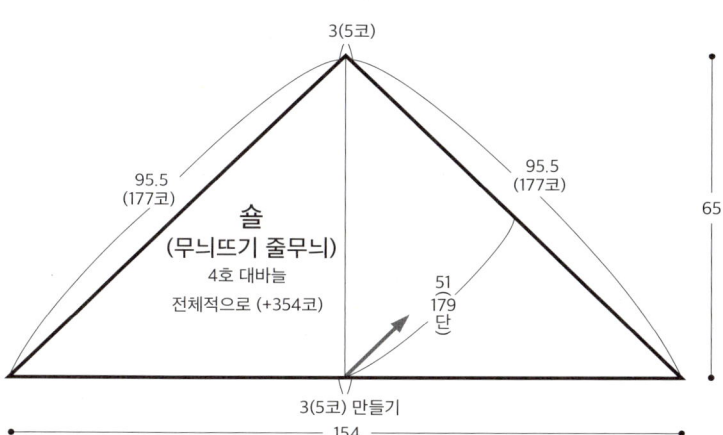

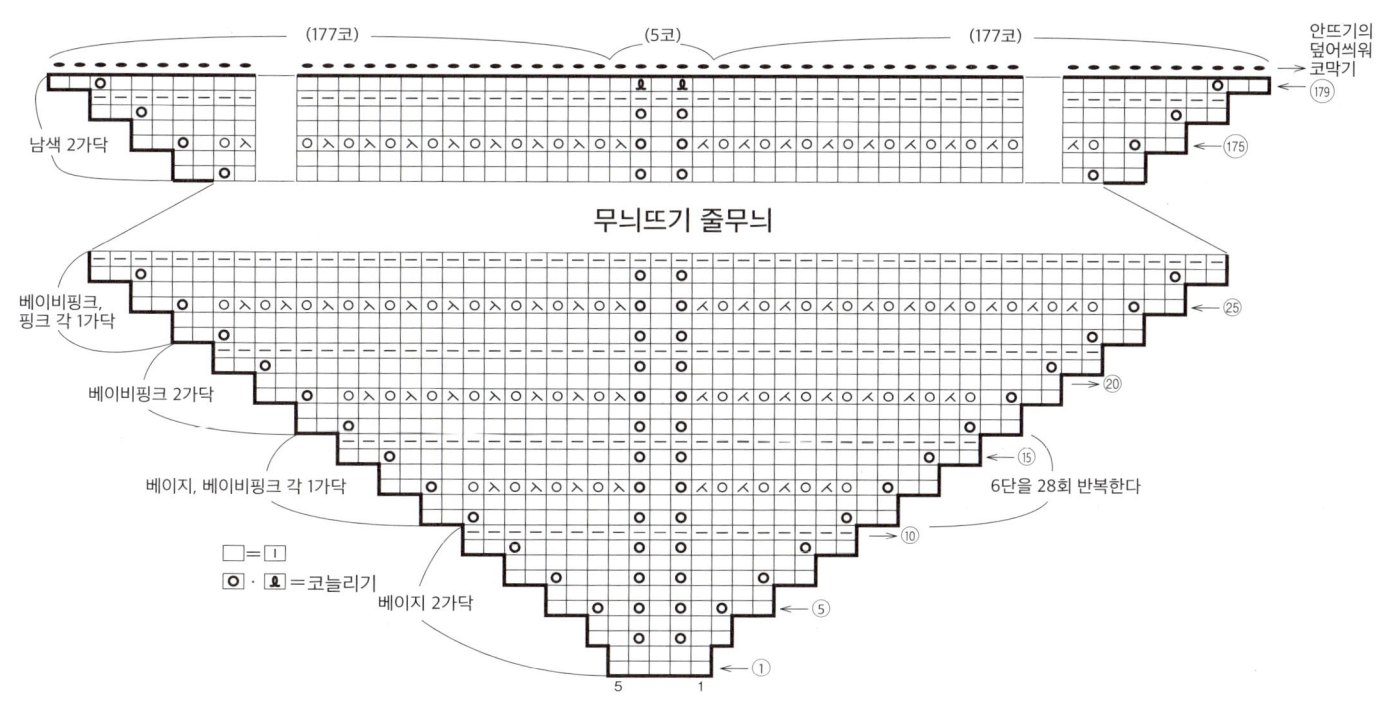

프린지 가방

작품 → p39

● 재료
다루마 울 로빙 에크루(1) 250g. 멜란지 슬러브 에크루(1) 75g. 루프 에크루(1) 55g. 울 모헤어 에크루(1) 50g. 스프라우트 에크루(1) 40g. 플로럿 미스트화이트(1) 35g.

● 완성 치수
폭 32cm, 높이 25.5cm(프린지 미포함)

● 도구
코바늘 10mm, 10/0호

● 게이지
10cm×10cm 짧은뜨기 이랑뜨기 7.5코 7.5단

● 뜨는 방법
울 로빙 2가닥으로 사슬뜨기 시작코를 만들어서 바닥을 짧은뜨기로 뜹니다. 옆면을 이어서 짧은뜨기 이랑뜨기로 뜨고 입구와 손잡이는 짧은뜨기로 뜹니다. 어깨끈은 지정한 위치에 실을 연결하고 짧은뜨기로 왕복해서 뜹니다. 입구, 손잡이, 어깨끈에 실 1가닥으로 되돌아 짧은뜨기 합니다. 이랑뜨기의 이랑 부분에 프린지를 답니다.

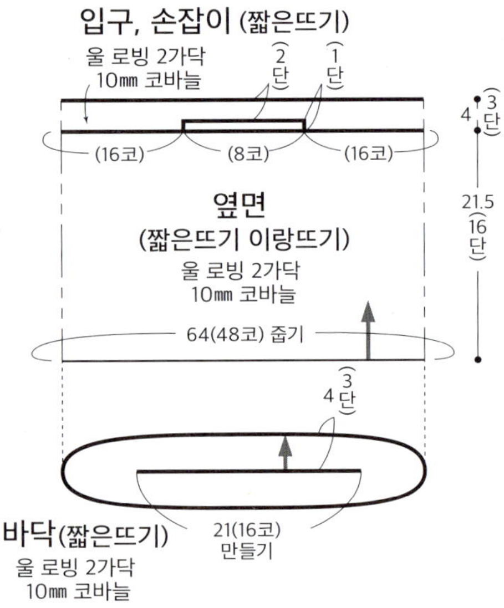

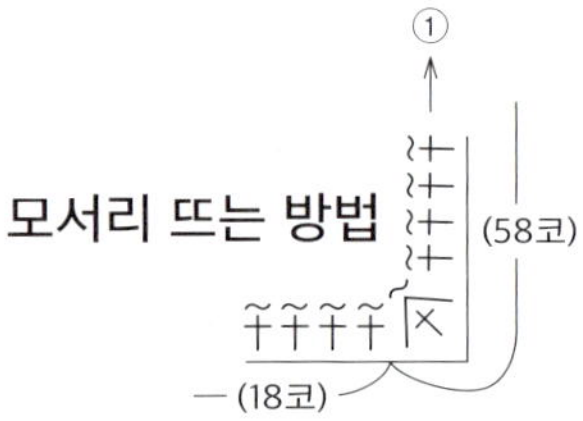

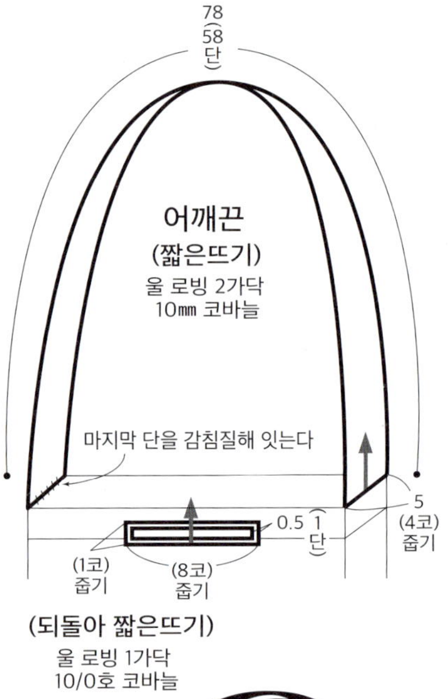

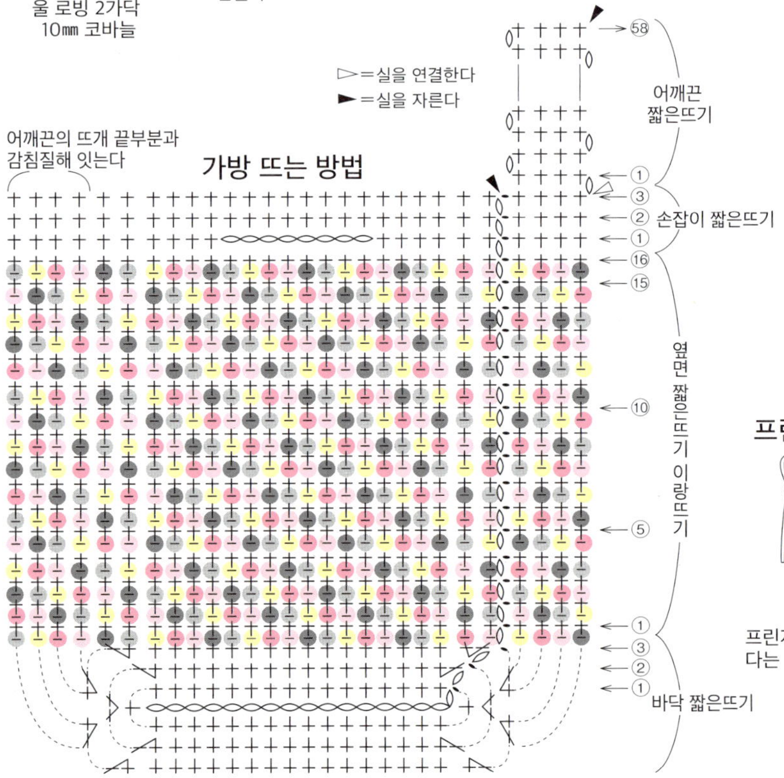

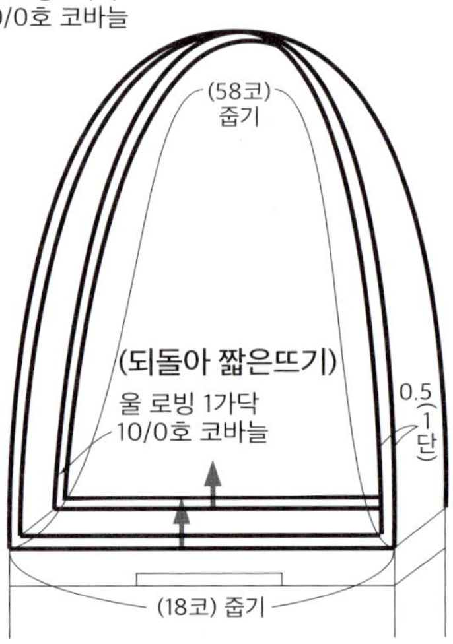

입구, 손잡이 (짧은뜨기)
울 로빙 2가닥
10mm 코바늘
(16코) (8코) (16코)
2단 1단
4 3단

옆면 (짧은뜨기 이랑뜨기)
울 로빙 2가닥
10mm 코바늘
64(48코) 줍기
21.5 (16단)
4 3단

바닥 (짧은뜨기)
울 로빙 2가닥
10mm 코바늘
21(16코) 만들기

되돌아 짧은뜨기

모서리 뜨는 방법
(58코)
(18코)

어깨끈 (짧은뜨기)
울 로빙 2가닥
10mm 코바늘
78 (58단)
마지막 단을 감침질해 잇는다
(1코) 줍기 (8코) 줍기
0.5 (1단)
5 (4코) 줍기

(되돌아 짧은뜨기)
울 로빙 1가닥
10/0호 코바늘

(58코) 줍기
(되돌아 짧은뜨기)
울 로빙 1가닥
10/0호 코바늘
(18코) 줍기
0.5 (1단)

가방 뜨는 방법
▷=실을 연결한다
▶=실을 자른다
어깨끈의 뜨개 끝부분과 감침질해 잇는다
58
어깨끈 짧은뜨기
①
3
② 손잡이 짧은뜨기
①
16
15
옆면 짧은뜨기 이랑뜨기
10
5
①
3
②
바닥 짧은뜨기

프린지
7
※ 각 실 20cm를 지정한 가닥수로 옆면의 마지막 단부터 이랑뜨기의 이랑 부분에 단다 (77쪽 참조)

프린지 다는 순서
① =루프 2가닥
② =멜란지 슬러브 2가닥
③ =플로럿 2가닥, 울 로빙 1가닥
④ =스프라우트 2가닥
⑤ =울 모헤어 2가닥

프린지 다는 방법

1 프린지로 사용하는 실은 미리 20cm로 잘라놓습니다. 실을 조합하는 방법은 5종류입니다.

2 옆면의 마지막 단부터 프린지를 답니다. 이랑뜨기의 이랑 부분에 아래쪽에서 코바늘을 넣고

3 반으로 접은 실뭉치를 코바늘에 걸어서 뺍니다.

4 3에서 빼낸 실뭉치의 고리 안으로 손가락을 넣고 실끝을 잡은 후

5 실끝을 당겨서 꽉 조입니다. 프린지 1개가 완성되었습니다.

6 5종류를 순서대로 답니다.

7 1단을 다 달고 나면 프린지를 위로 비켜놓고 다음 단에서 2코 오른쪽으로 이동해 프린지를 답니다.

도카이 에리카가 보내는 메시지

배색무늬뜨기 작품은 아무래도 여러 가지 실이 어중간하게 남기 마련이에요. 그래서 이 프린지 작품은 남은 털실을 효과적으로 활용할 수 있는 아이디어로 제안해봤습니다. 집에 남은 실을 자유롭게 조합해서 자신만의 독특한 프린지 작품을 만들어보세요! 뜨개 도안대로 만들어도 상관없지만, 남은 실의 양에 맞춰서 취향에 맞는 무늬로 만들어보세요. 여러 가지 실을 사용해보는 것도 즐겁지 않을까요?

프린지 베스트

작품 → p40

● 재료
퍼피 슬러브 에로이카 갈색(206) 375g. 브리티시 에로이카 회분홍색(180) 225g, 베이지(143) 180g, 다크그레이(159) 175g, 녹색(197) 170g, 초콜릿브라운(208) 150g

● 완성 치수
가슴둘레 120㎝, 어깨너비 45㎝, 총길이 46㎝(프린지를 단 후의 치수. 프린지를 달면 가터뜨기만 완성했을 때보다 훨씬 크게 완성됩니다.)

● 도구
대바늘 10㎜, 코바늘 10/0호

● 게이지
10㎝×10㎝ 가터뜨기 10.5코 16.5단(프린지 미포함)

● 뜨는 방법
갈색 실로 일반적인 시작코를 만들어서 가터뜨기합니다. 코를 늘리거나 줄이는 부분은 그림을 참조해서 뜹니다. 다 뜨고 나면 어깨를 빼뜨기로 잇습니다. 어깨 부분에서 밑단 쪽으로 프린지를 답니다.

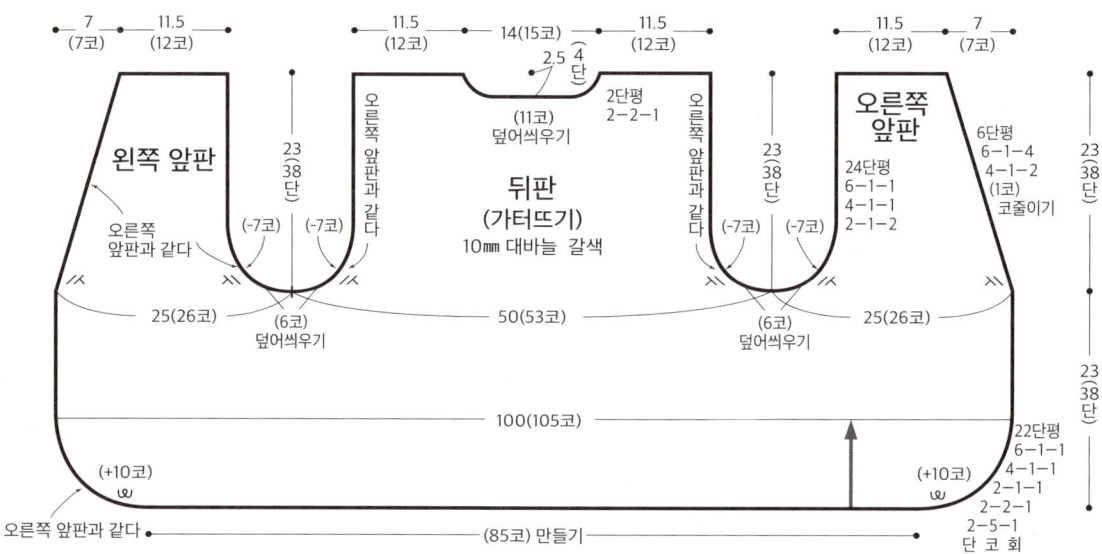

프린지 다는 방법

1 프린지에 사용하는 실은 미리 13㎝로 잘라놓습니다.

2 어깨선에서 싱커 루프(코와 코 사이에 걸친 실)에 코바늘을 넣고

3 반으로 접은 실뭉치를 코바늘에 걸어서 뺍니다.

4 3에서 빼낸 실뭉치의 고리 안으로 손가락을 넣고 실끝을 잡은 후

5 실끝을 당겨서 꽉 조입니다. 프린지 1개가 완성되었습니다.

6 1단을 다 달고 나면 실끝을 4㎝ 정도로 가지런히 자릅니다. 먼저 단 프린지를 위로 비켜놓고 다음 단의 프린지를 답니다.

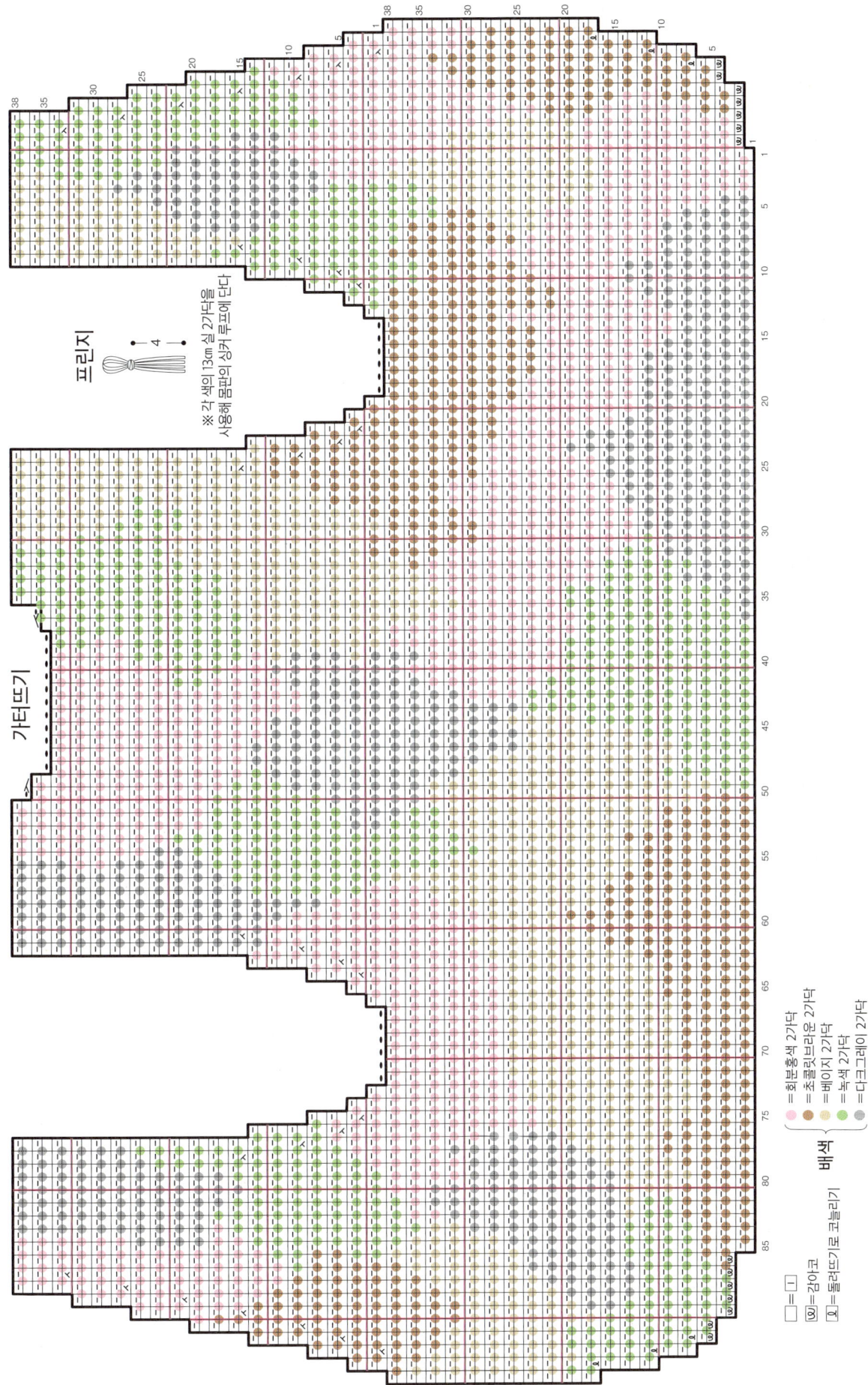

야구 점퍼

작품 → p20

● 재료
이토이토 스코가포스 브라운(5) 330g, 라이트베이지(2) 165g, 오프화이트(1) 15g. 우수리베이 믹스(51) 105g. 오픈형 지퍼 54㎝ 1개

● 완성 치수
가슴둘레 110㎝, 총길이 67㎝, 뒷목 중심에서 소매끝까지의 길이 75.5㎝

● 도구
대바늘 11호, 9호, 코바늘 9/0호

● 게이지
메리야스뜨기 17코 25단

● 뜨는 방법
전부 지정한 실 3가닥으로 뜹니다. 풀어내는 시작코를 만들어서 뜨기 시작하며 메리야스뜨기로 뜹니다. 앞판은 그림을 참조하여 주머니 부분을 나눠서 뜹니다. (앞판 18단을 뜨고, 주머니 부분 25코만 1단을 별도의 실로 뜬 다음, 50단을 뜹니다. 이후 별도의 실을 풀어 위와 아래에서 25코씩 줍고, 아래 코에서 주머니 위쪽 겉을, 위 코에서 주머니 아래쪽 안을 뜹니다.―감수자) 래글런선의 코줄이기 부분은 끝부분의 2코를 세워서 코를 줄입니다. 목둘레의 코줄이기 부분에서 2코 이상은 덮어씌우고 1코는 끝부분의 1코를 세워서 코를 줄입니다. 소맷단은 시작코를 풀어낸 뒤 코를 주워서 2코고무뜨기 줄무늬를 뜹니다. 뜨개 끝부분은 아랫단과 같은 방법으로 뜨며 덮어씌워 코막음합니다. 래글런선, 옆선, 소매옆선은 실을 떠 올려서 잇고 겨드랑이 부분은 메리야스 잇기로 연결합니다. 밑단의 시작코를 풀어낸 뒤 코를 주워서 2코고무뜨기 줄무늬를 뜹니다. 뜨개 끝부분은 소맷단과 같은 방법으로 뜹니다. 칼라는 일반적인 시작코를 만들어서 뜨기 시작하며 도안을 참조하여 코를 늘리거나 줄여가며 뜹니다. 뜨개 끝부분은 아랫단과 같은 방법으로 뜨며 덮어씌워 코막음합니다. 몸판과 칼라의 겉쪽을 보며 칼라 시작코 쪽의 실을 떠 올려서 잇습니다. 칼라의 뜨개 끝부분은 목둘레선 안쪽에 감침질로 연결합니다. 앞여밈단을 짧은뜨기로 뜹니다. 앞여밈단에 지퍼를 꿰매 답니다.

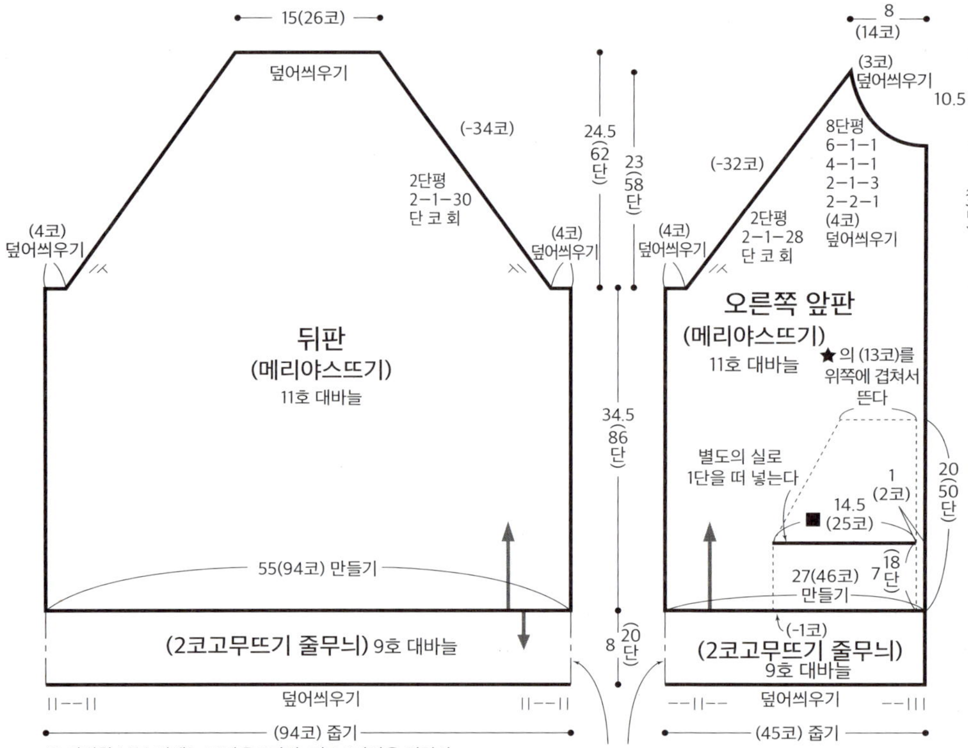

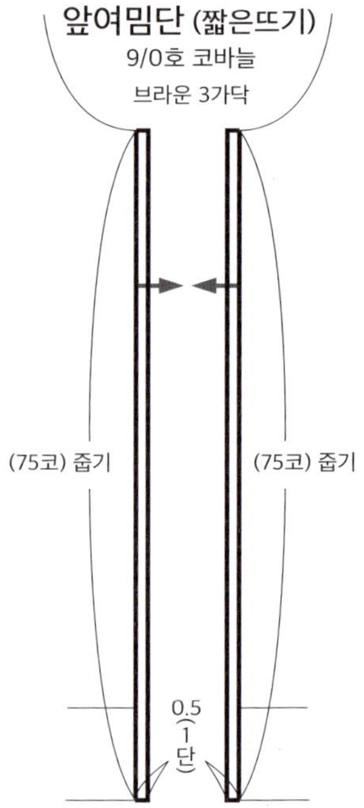

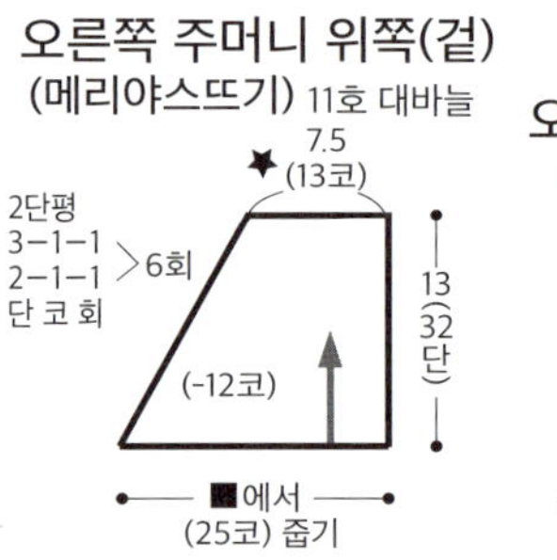

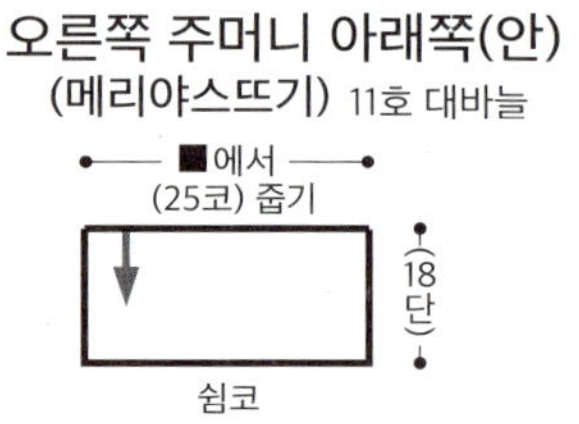

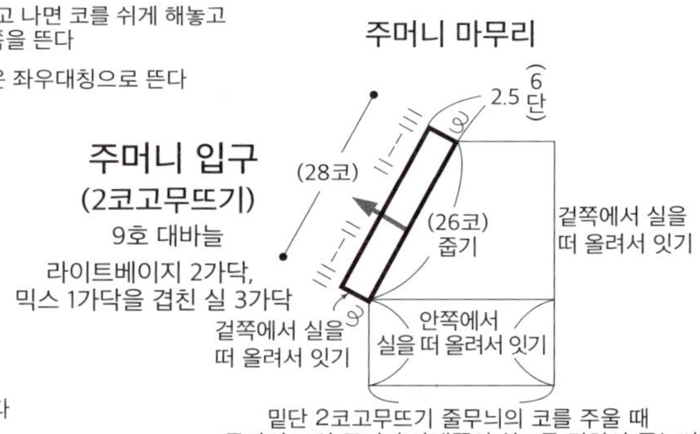

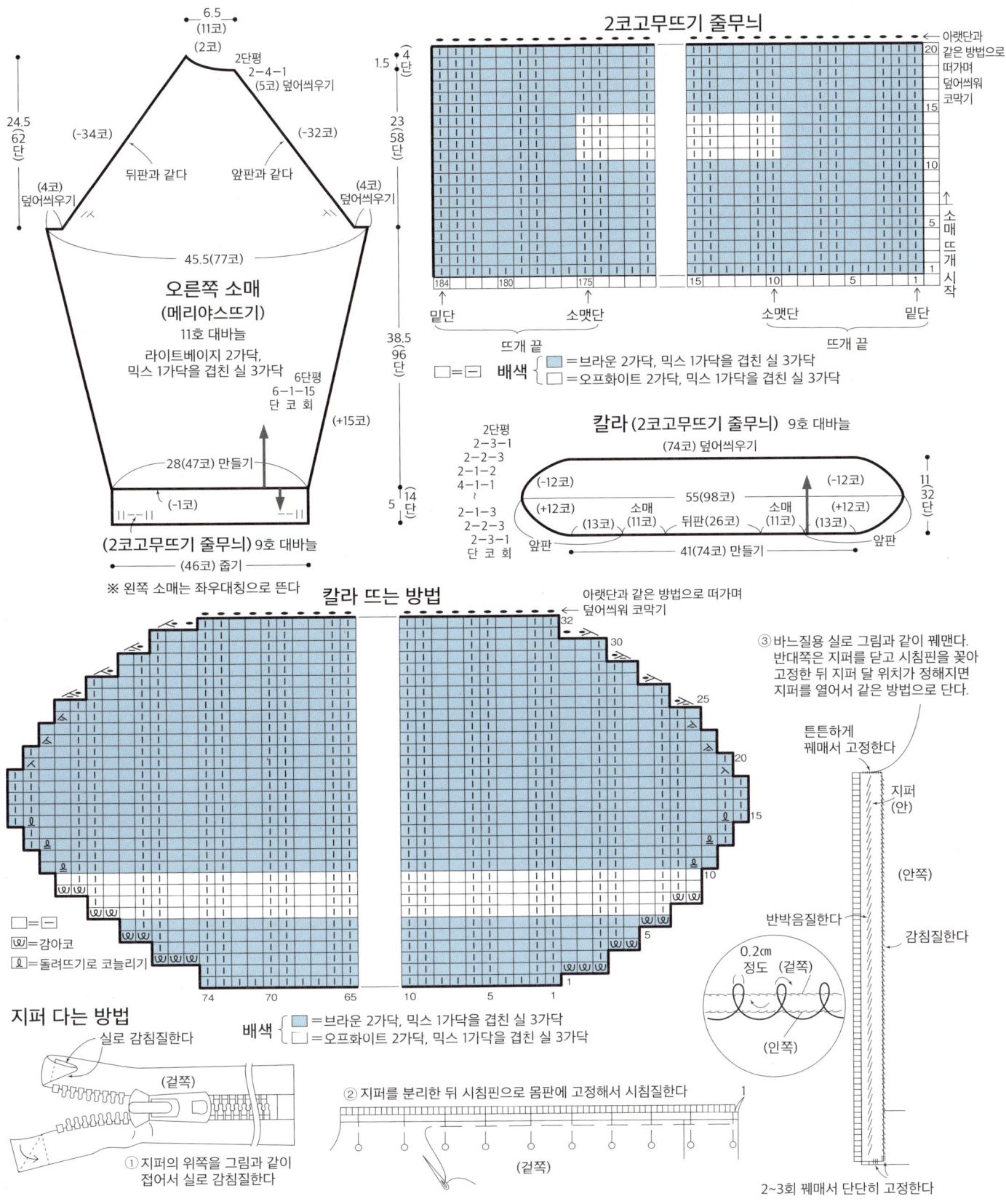

샹들리에 풀오버 작품 ↓ p38

● 재료
퍼피 퀸애니 진갈색(831) 310g, 밀레 콜로리 베이비 핑크계열 멀티 컬러(085) 215g

● 완성 치수
가슴둘레 108㎝, 총길이 57㎝, 어깨너비 65㎝(요크 뒤판 기준), 소매길이 37㎝

● 도구
대바늘 7호, 5호

● 게이지
10㎝×10㎝ 메리야스뜨기, 배색무늬뜨기 모두 20코 20단

● 뜨는 방법
퀸애니는 1가닥, 밀레 콜로리 베이비는 2가닥으로 뜹니다. 풀어내는 시작코를 만들어서 요크를 원통으로 가로 배색무늬뜨기합니다. 걸친 실이 5코 이상인 부분은 중심에서 실을 감아가며 뜹니다. 요크를 다 뜨고 나면 뒤판에 앞뒤 차를 주기 위해 6단을 왕복뜨기로 뜹니다. 양쪽 소매 부분은 쉼코로 둡니다. 겨드랑이 부분은 풀어내는 시작코를 만들고 앞뒤를 이어서 원통으로 뜹니다. 밑단은 돌려뜨기 1코고무뜨기하고 뜨개 끝부분은 아랫단과 같은 방법으로 떠가며 덮어씌워 코막음합니다. 소매는 겨드랑이 부분의 시작코를 풀어내서 코를 줍고 요크의 쉼코와 앞뒤 차를 준 부분에서 코를 주워 원통으로 뜹니다. 소맷단은 밑단과 같은 요령으로 뜹니다. 목둘레단은 시작코를 풀어내서 코를 줍고 돌려뜨기 1코고무뜨기를 원통으로 뜹니다.

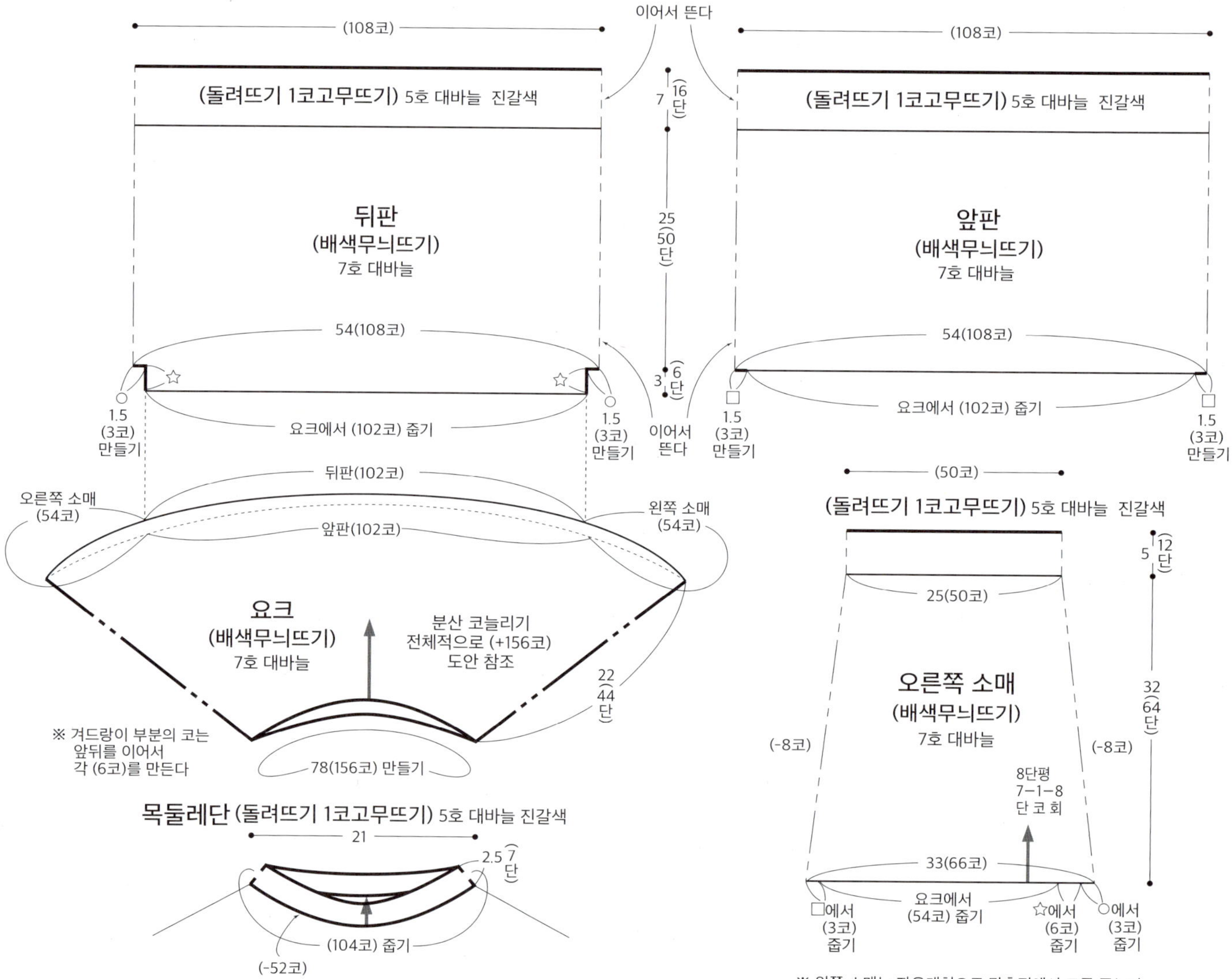

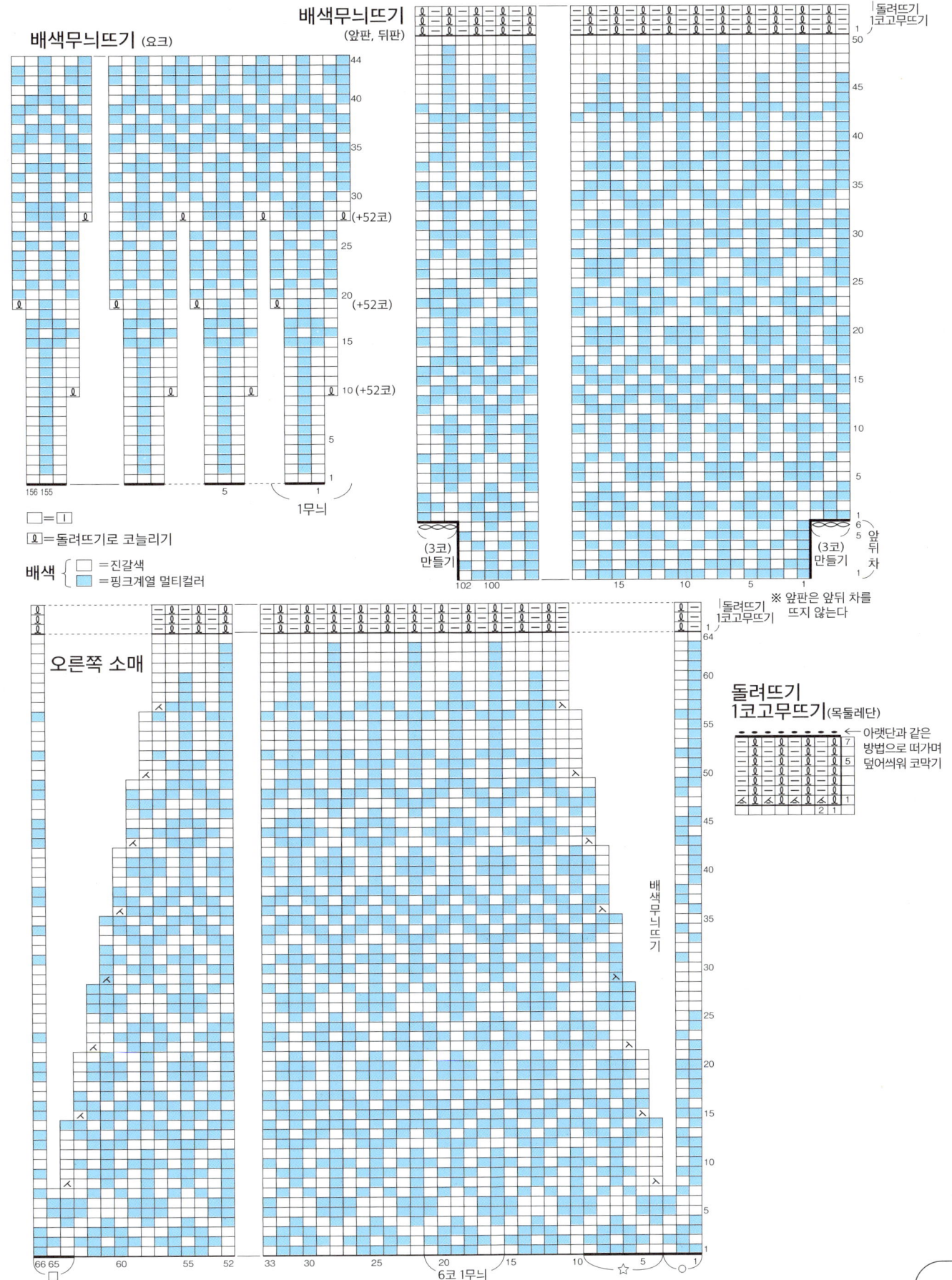

- **재료**
퍼피 퀸애니 검은색(803) 635g, 차콜그레이(833) 85g, 라이트베이지(812) 35g, 적자색(933) 25g. 펠리지 그레이(1311) 15g. 키드 모헤어 파인 에크루(2) 15g. 미루아르 '페를' 골드(402) 5g

- **완성 치수**
가슴둘레 108cm, 총길이 104cm. 어깨너비 65cm(요크 뒤판 기준), 소매길이 38cm

- **도구**
대바늘 7호, 6호, 5호

- **게이지**
10cm×10cm 메리야스뜨기 19코 27단, 배색무늬뜨기A, B 모두 20코 20.5단

- **뜨는 방법**
퀸애니, 펠리지는 1가닥, 키드 모헤어 파인 2가닥과 미루아르 '페를' 1가닥은 겹쳐서 3가닥으로 뜹니다. 풀어내는 시작코를 만들어서 요크를 원통으로 가로 배색무늬뜨기합니다. 요크를 다 뜨고 나면 뒤판에 앞뒤 차를 주기 위해 6단을 왕복뜨기로 뜹니다. 양쪽 소매 부분은 쉼코로 둡니다. 겨드랑이 부분은 풀어내는 시작코를 만들고 앞뒤를 이어서 원통으로 뜹니다. 13단까지 뜨고 나면 바늘을 바꿔서 메리야스뜨기합니다. 밑단은 앞판과 뒤판에 각각 2코고무뜨기하고 뜨개 끝부분은 아랫단과 같은 코를 떠가며 덮어씌워 코막음합니다. 소매는 겨드랑이 부분의 시작코를 풀어서 코를 줍고 요크의 쉼코와 앞뒤 차에서 코를 주워 몸판과 같은 요령으로 뜹니다. 목둘레단은 시작코를 풀어내서 코를 주운 후 2코고무뜨기를 원통으로 뜹니다. 뜨개 끝부분은 밑단과 같은 방법으로 뜹니다.

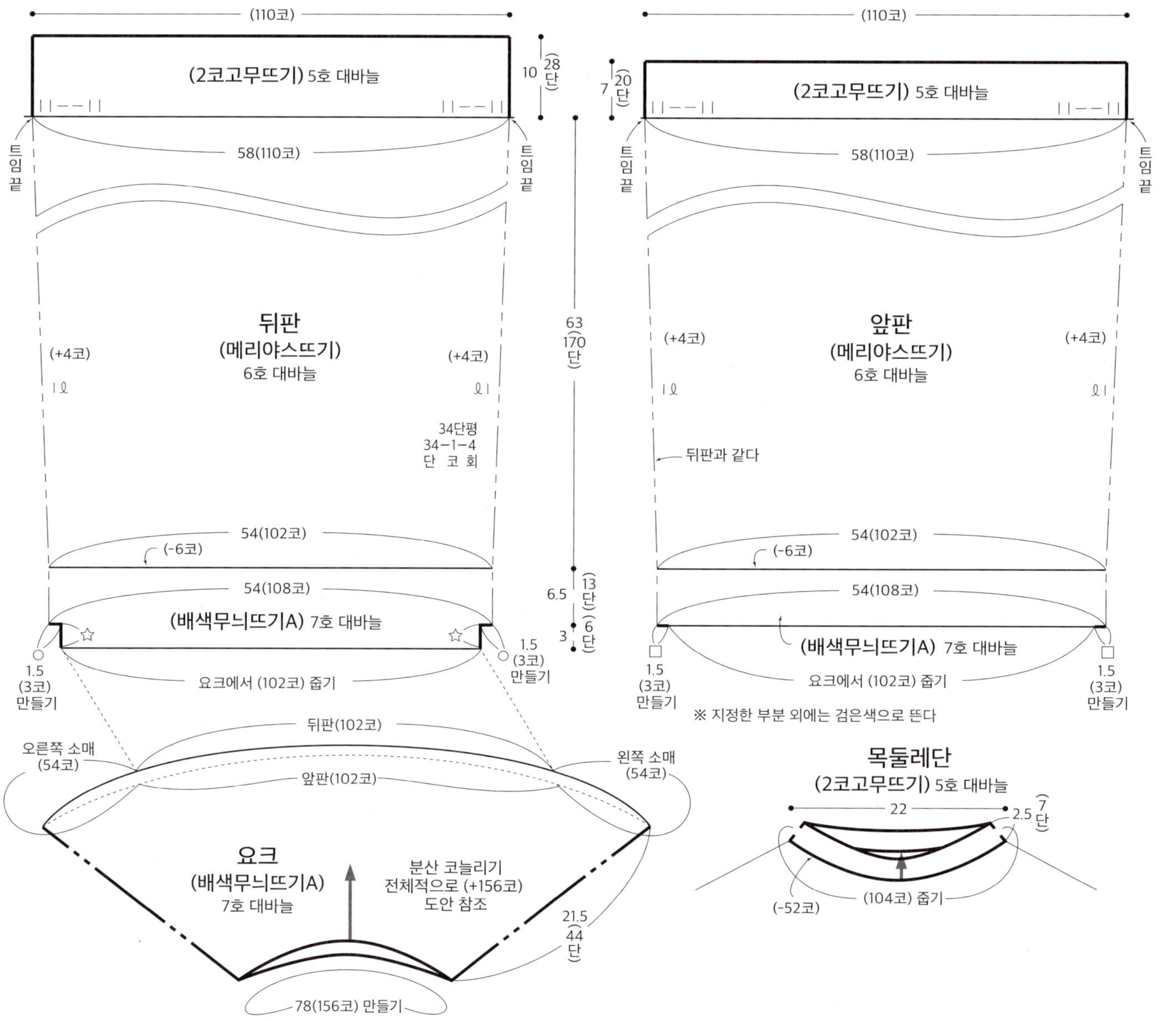

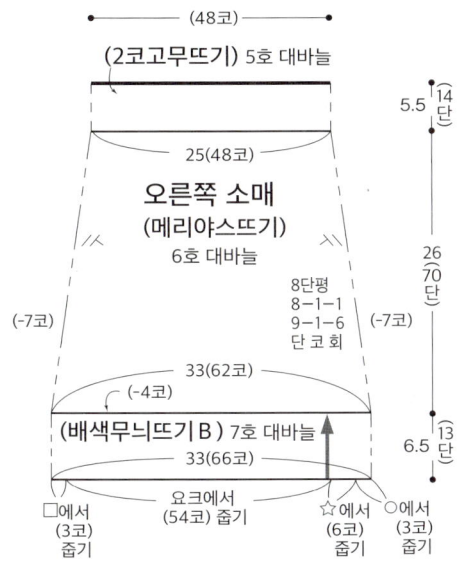
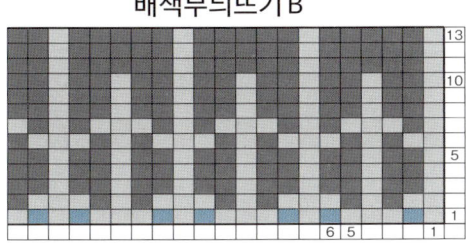

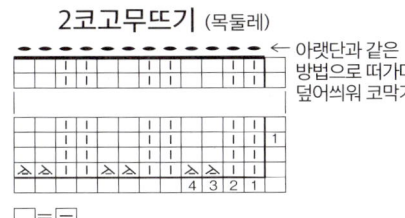
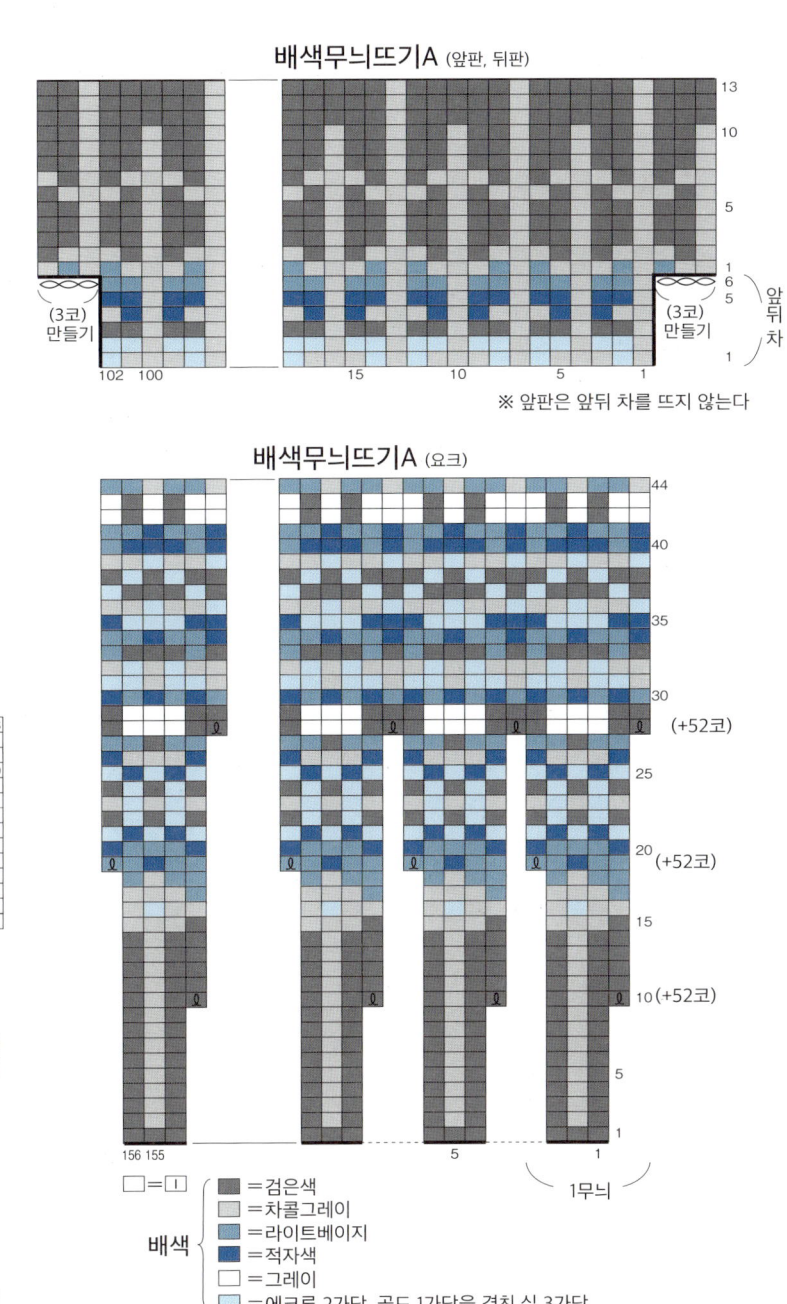

버드 풀오버

작품 → P 32

● **재료**
퍼피 유리카 모헤어 레몬옐로(313) 235g, 코랄핑크(303) 15g, 에크루(301) 10g, 그레이(312), 로즈핑크(314) 각 5g. 키드 모헤어 파인 청록색(48) 20g. 지름 6㎜ 육각형 스팽글 골드 46개

● **완성 치수**
가슴둘레 106㎝, 총길이 59.5㎝, 어깨너비 53㎝, 소매길이 46.5㎝

● **도구**
대바늘 9호, 7호

● **게이지**
10㎝×10㎝ 배색무늬뜨기, 메리야스뜨기 모두 15코 21단

● **뜨는 방법**
키드 모헤어 파인은 같은 색으로 4가닥, 유리카 모헤어는 1가닥으로 뜹니다. 풀어내는 시작코를 만들어서 뜨기 시작하며 뒤판과 앞판은 세로 배색무늬뜨기와 메리야스뜨기, 소매는 메리야스뜨기로 뜹니다. 코줄이기 부분에서 2코 이상은 덮어씌우고 1코는 끝부분의 1코를 세워서 코를 줄입니다. 코늘리기 부분은 1코 안쪽에서 돌려뜨기로 코를 늘립니다. 지정한 위치에 스팽글을 답니다. 소맷단은 시작코를 풀어낸 뒤 코를 주워서 1코고무뜨기합니다. 뜨개 끝부분은 아랫단과 같은 방법으로 떠가며 덮어씌워 코막음합니다. 어깨는 빼뜨기로 잇기, 소매는 코와 단 잇기, 옆선과 소매옆선은 실을 떠 올려서 잇기로 연결합니다. 목둘레단은 코를 줍고 밑단은 시작코를 풀어내 코를 주워서 1코고무뜨기를 원통으로 뜹니다. 뜨개 끝부분은 소맷단과 같은 방법으로 뜹니다.

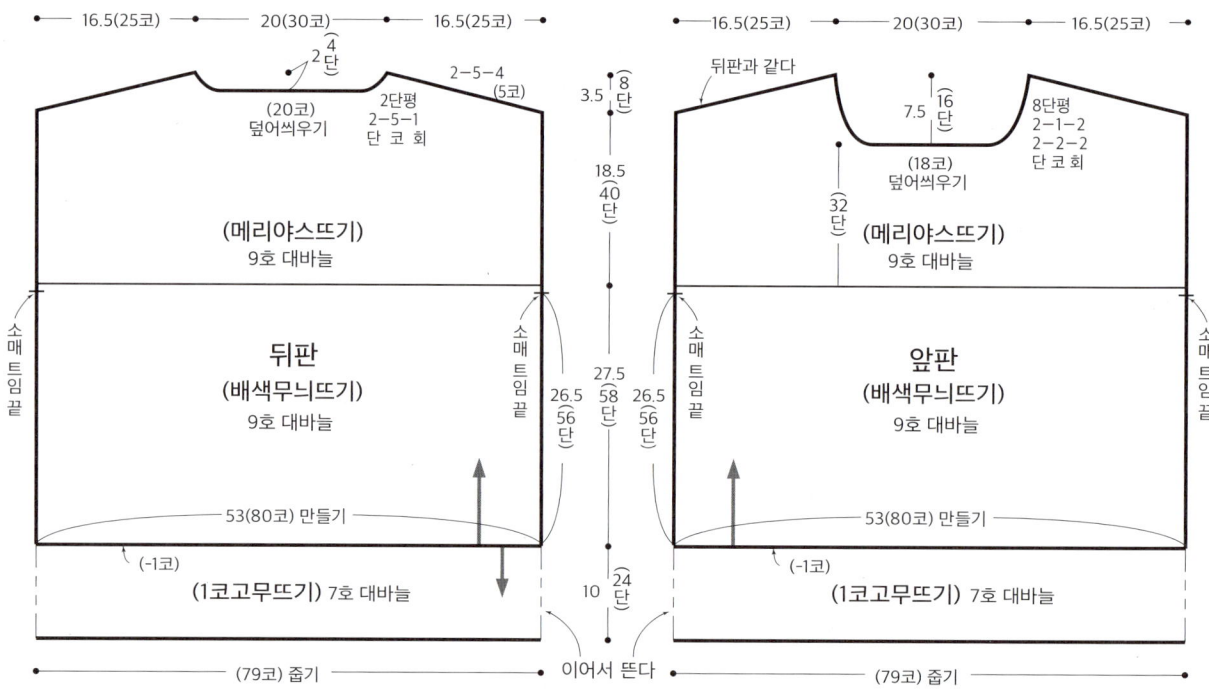

※ 지정한 부분 외에는 레몬옐로로 뜬다

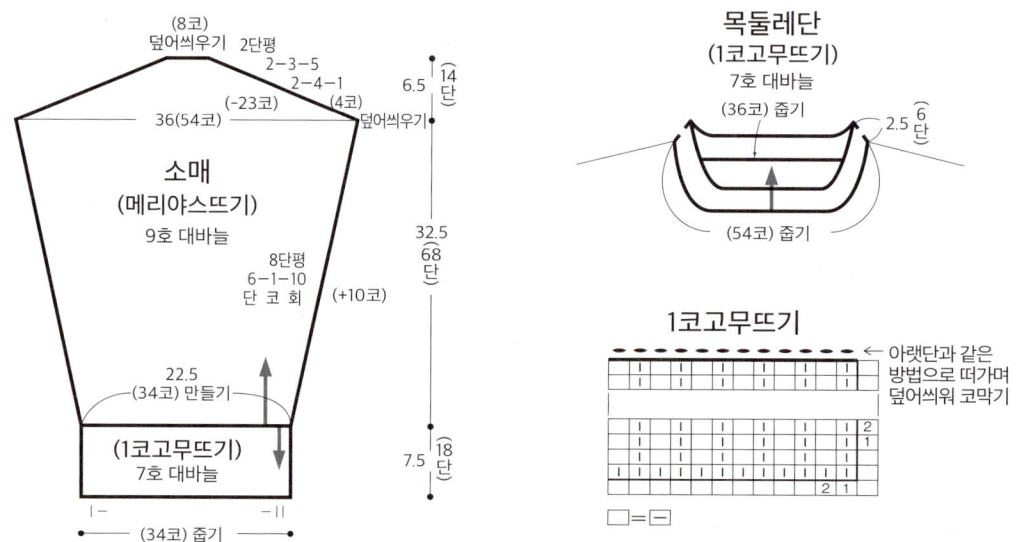

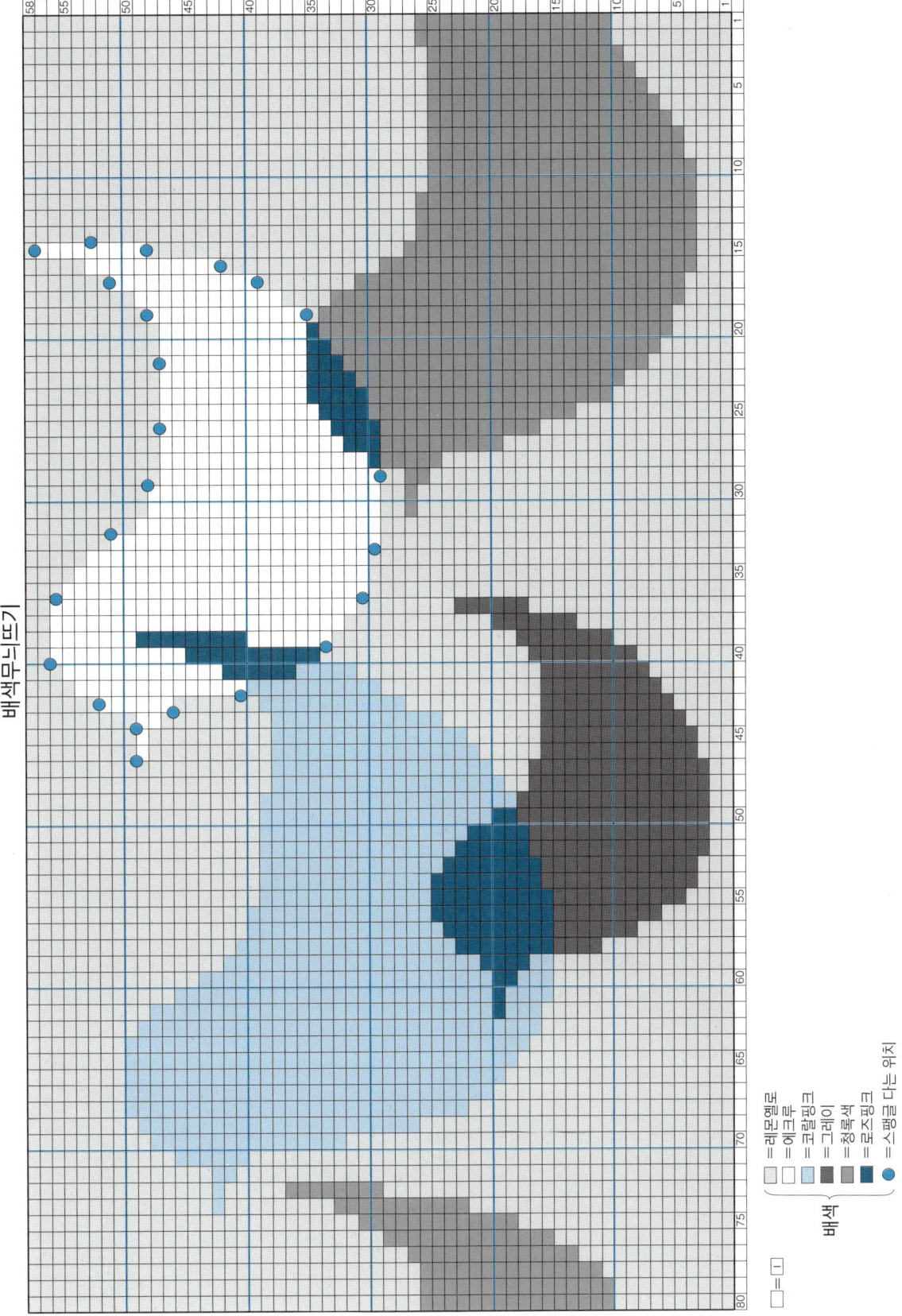

삼각 숄
작품 → p 32

- **재료**
다루마 폼폼 울 라이트그레이×블랙(6) 75g. 스프라우트 라이트그레이×그린(2) 70g. 플로럿 스틸그레이(4) 55g. 울 모헤어 그레이(6) 30, 레몬(13) 15g

- **완성 치수**
폭 156cm, 길이 63cm

- **도구**
대바늘 10호

- **게이지**
10cm×10cm 무늬뜨기 12.5코 26단

- **뜨는 방법**
일반적인 시작코로 5코를 만들고 중심과 양끝에서 코를 늘려가며 무늬뜨기 줄무늬를 뜹니다. 뜨개 끝부분은 덮어씌워 코막음합니다. 코가 성긴 부분에는 레몬색 실 2가닥을 둘러 감습니다. 마지막에는 중심에도 실을 둘러 감습니다.

줄무늬 배색

단수	배색	코늘리기
☆ 119~125단	플로럿	+16코
113~118단	폼폼 울	+12코
107~112단	스프라우트	+12코
☆ 101~106단	울 모헤어 그레이	+12코
95~100단	플로럿	+12코
89~94단	폼폼 울	+12코
83~88단	스프라우트	+12코
☆ 77~82단	울 모헤어 그레이	+12코
71~76단	플로럿	+12코
65~70단	폼폼 울	+12코
59~64단	스프라우트	+12코
☆ 53~58단	울 모헤어 그레이	+12코
47~52단	플로럿	+12코
41~46단	폼폼 울	+12코
35~40단	스프라우트	+12코
☆ 29~34단	울 모헤어 그레이	+12코
23~28단	플로럿	+12코
17~22단	폼폼 울	+12코
11~16단	스프라우트	+12코
1~10단	울 모헤어 그레이	+14코

☆=레몬색 실을 둘러 감는 위치

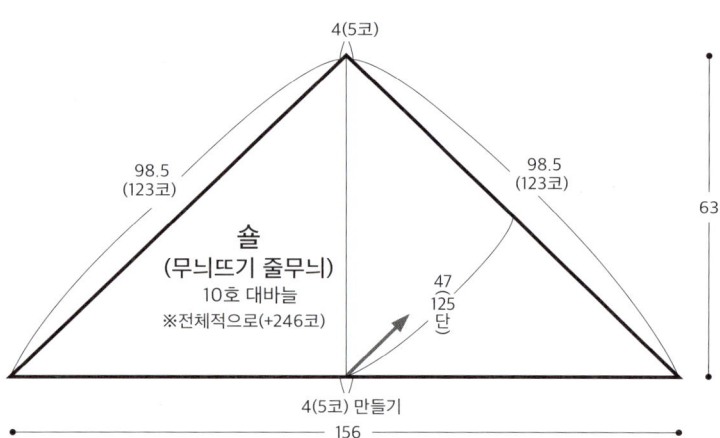

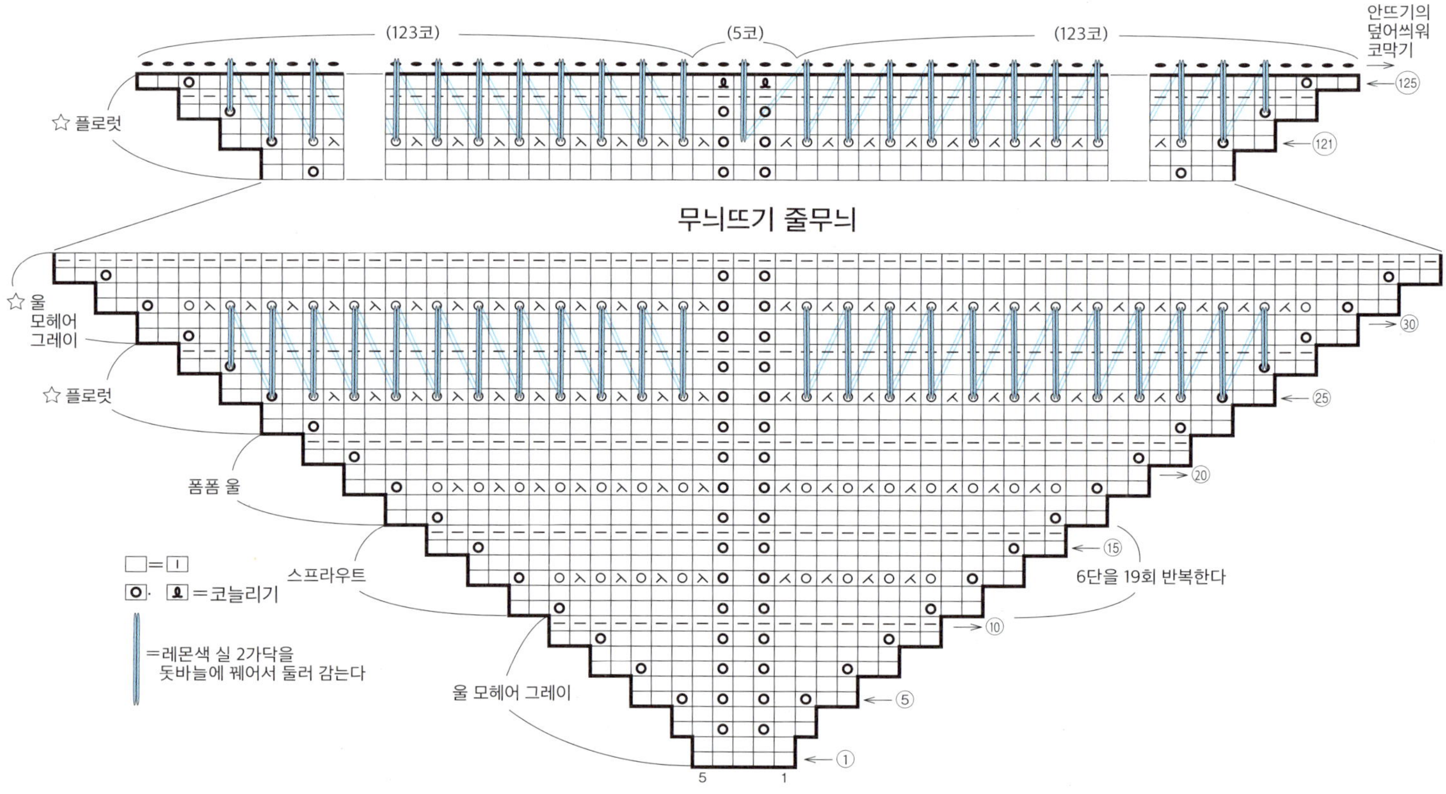

시크한 열매 풀오버

작품 → p32

● 재료
퍼피 소프트 도니골 갈색(5218) 420g. 브리티시 에로이카 블랙(122) 35g, 차콜그레이(120) 10g, 다크그레이(159) 5g. 유리카 모헤어 차콜그레이(308) 10g. 펠리지 다크그레이(2313) 10g

● 완성 치수
가슴둘레 120㎝, 총길이 55㎝, 어깨너비 60㎝, 소매길이 28.5㎝

● 도구
대바늘 9호, 7호

● 게이지
10㎝×10㎝ 배색무늬뜨기, 메리야스뜨기 모두 16코 23단

● 뜨는 방법
풀어내는 시작코를 만들어서 뜨기 시작하며 뒤판은 메리야스뜨기와 배색무늬뜨기A, B, 앞판은 배색무늬뜨기C, 소매는 메리야스뜨기로 뜹니다. 배색무늬는 세로 배색무늬뜨기로 뜹니다. 코줄이기 부분에서 2코 이상은 덮어씌우고 1코는 끝부분의 1코를 세워서 코를 줄입니다. 몸판에 수를 놓는데 앞판과 뒤판이 이어지는 부분은 옆선의 실을 떠 올려서 잇기로 연결한 뒤 수놓습니다. 소맷단은 시작코를 풀어낸 뒤 코를 주워서 무늬뜨기합니다. 뜨개 끝부분은 아랫단과 같은 방법으로 떠가며 덮어씌워 코막음합니다. 어깨는 빼뜨기로 잇기, 소매는 코와 단 잇기, 옆선과 소매옆선은 실을 떠 올려서 잇기로 연결합니다. 목둘레단은 코를 줍고 밑단은 시작코를 풀어내 코를 주워서 무늬뜨기를 원통으로 뜹니다. 뜨개 끝부분은 소맷단과 같은 방법으로 뜹니다.

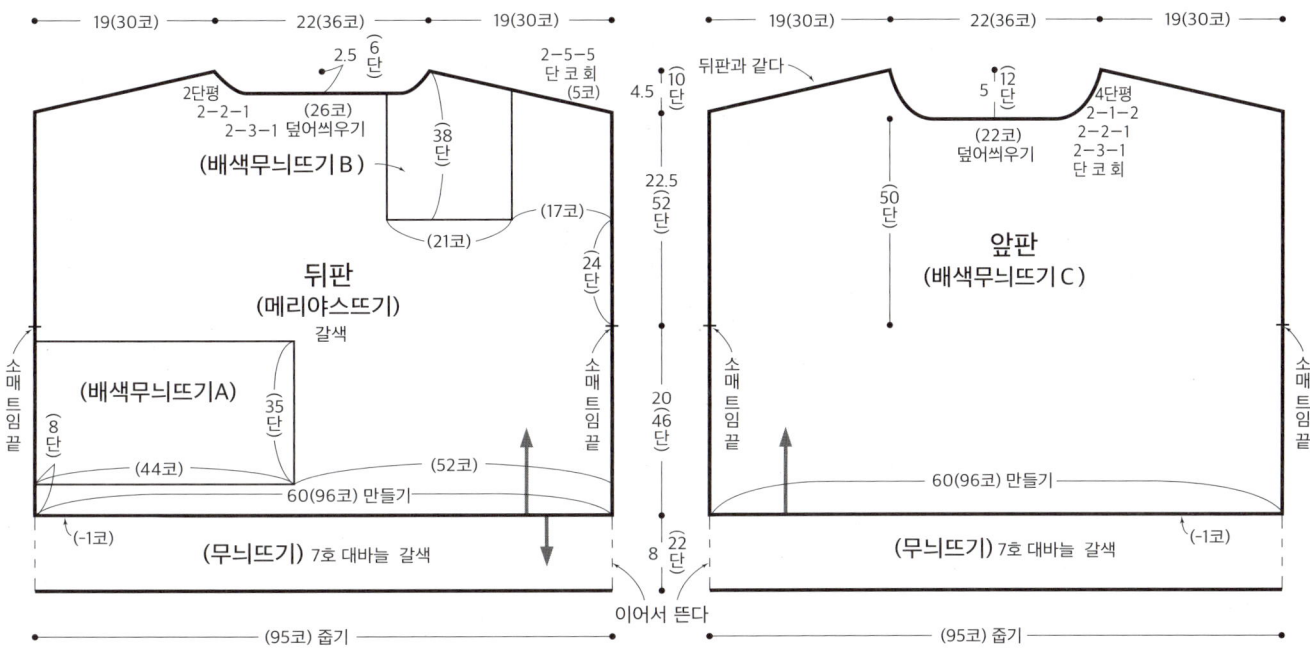

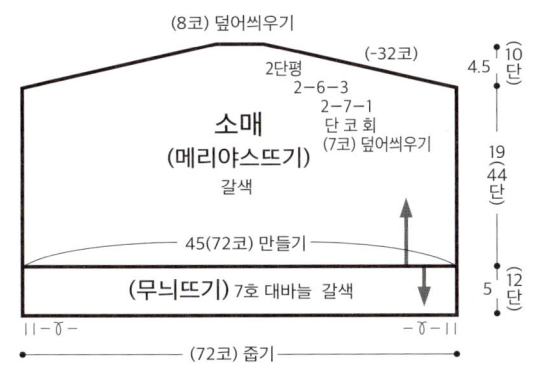

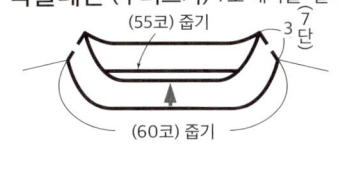

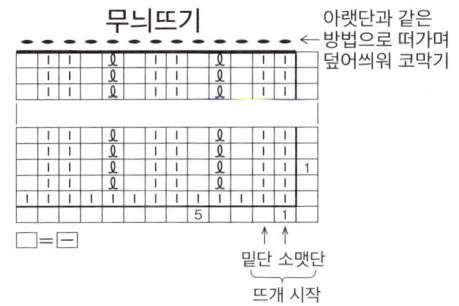

p90에 계속 →

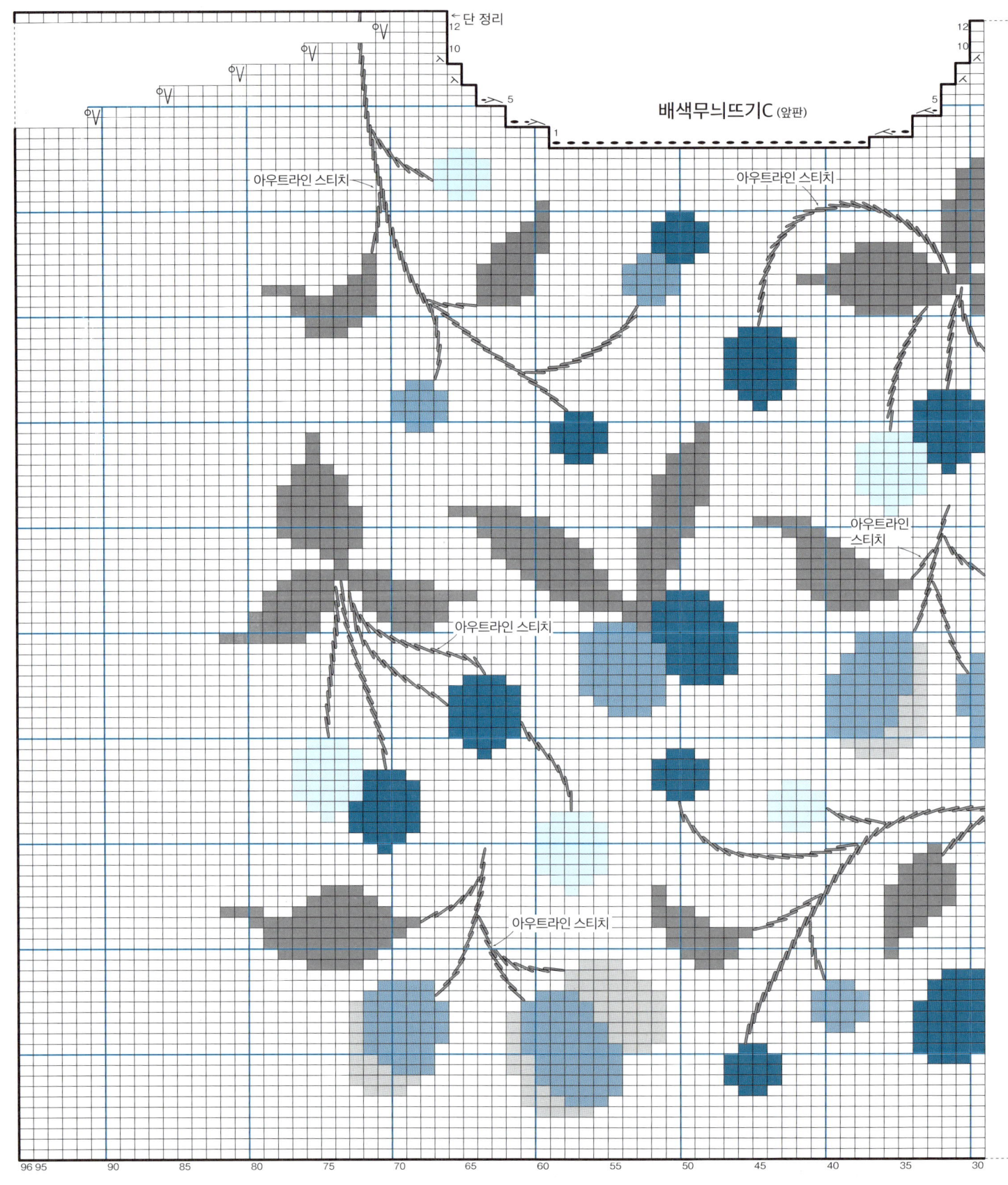

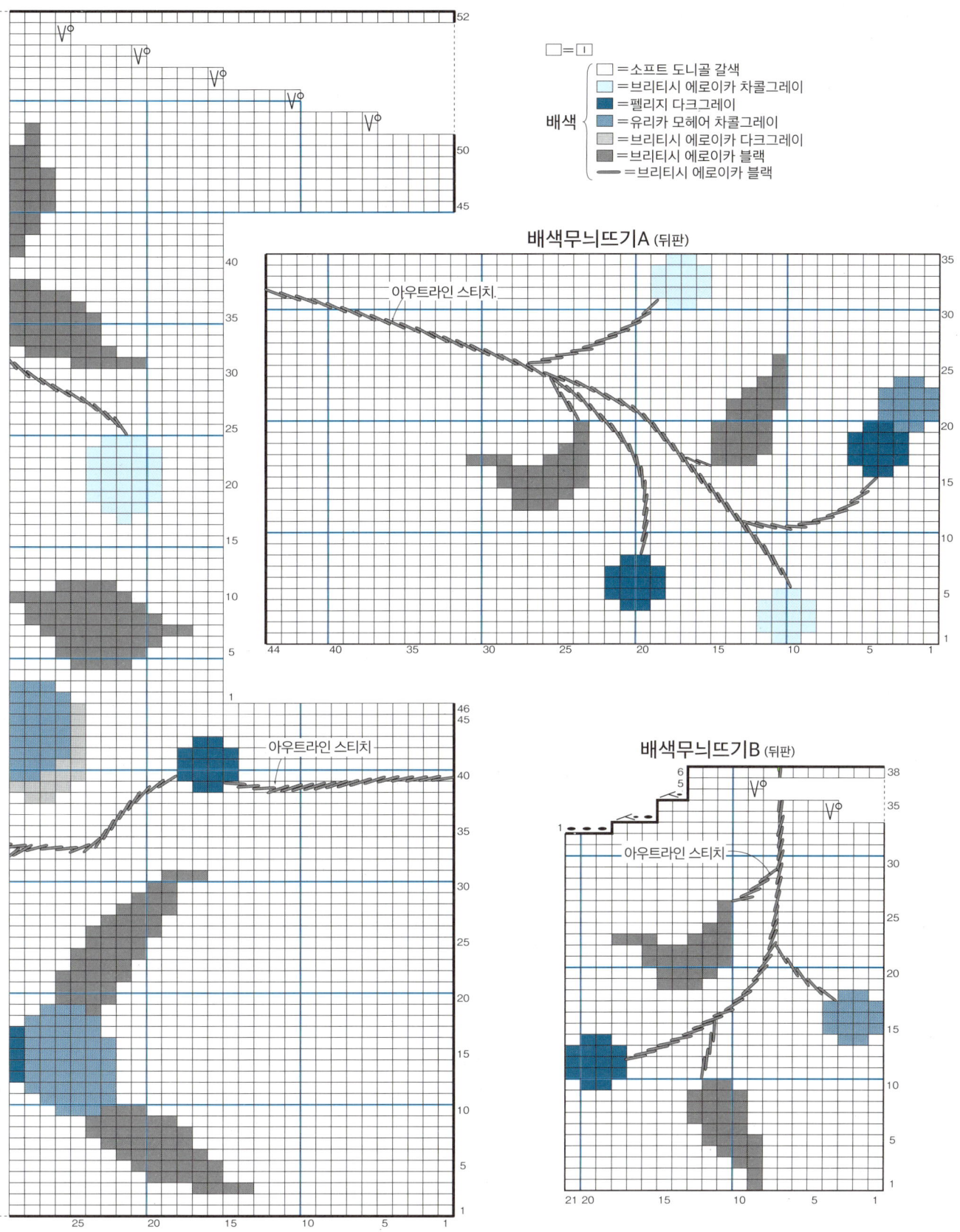

TECHNIQUE GUIDE | 뜨개 도안 보는 방법

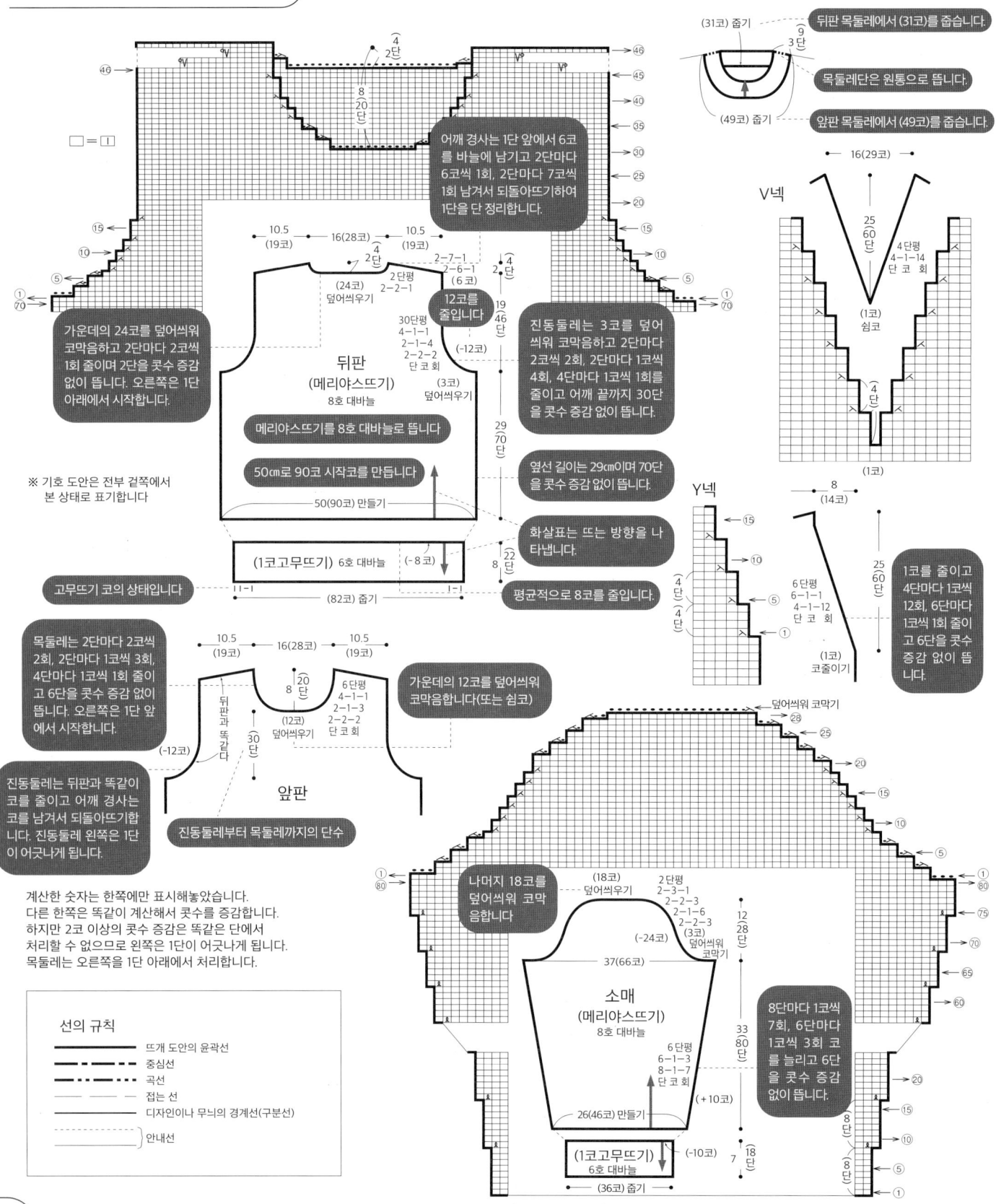

일반적인 시작코 (손가락에 걸어서 만드는 시작코)

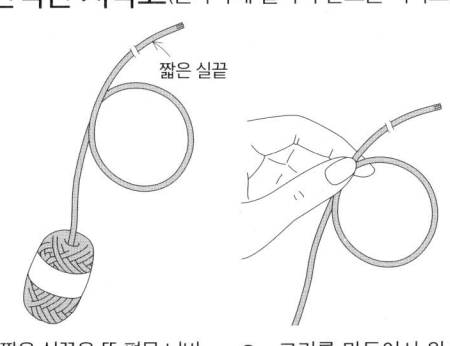
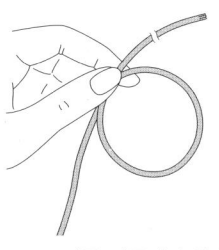
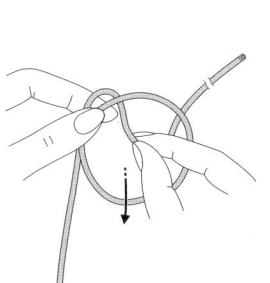
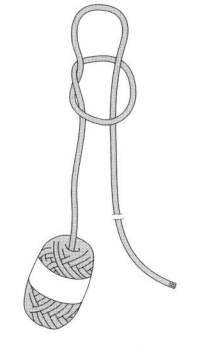
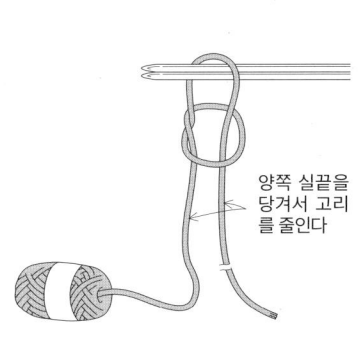

1. 짧은 실끝은 뜰 편물 너비의 3배 정도 남깁니다.
2. 고리를 만들어서 왼손으로 교차점을 누릅니다.
3. 고리 안에서 짧은 실끝을 빼냅니다.
4. 빼낸 실로 작은 고리를 만듭니다.
5. 작은 고리 안에 대바늘 2개를 넣고 양쪽의 실끝을 당겨서 고리를 줄입니다.

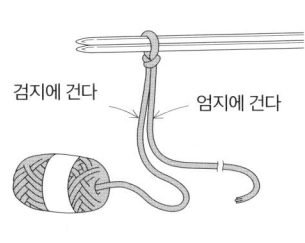
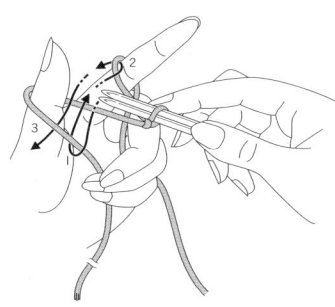
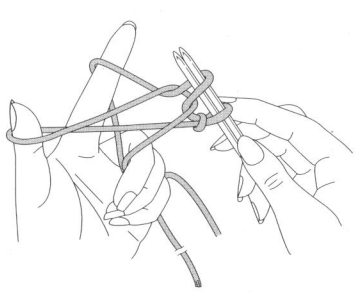
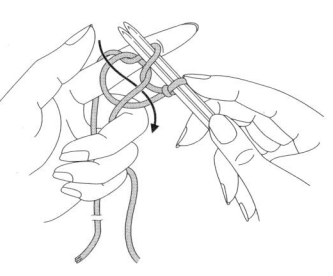

6. 1코가 완성되었습니다. 짧은 실은 엄지, 긴 실은 검지에 겁니다.
7. 바늘 끝을 1, 2, 3의 화살표 순서대로 움직여서 대바늘에 실을 겁니다.
8. 1, 2, 3의 순서대로 실을 건 모습.
9. 엄지에 걸려 있는 실을 일단 빼고 화살표와 같이 엄지를 다시 넣습니다. 엄지를 당겨서 코를 조입니다. 7~9를 반복해서 필요한 콧수만큼 뜹니다.

10. 필요한 콧수를 만들었습니다. 대바늘 1개를 빼면 손가락에 걸어서 만드는 시작코가 완성되었습니다.

풀어내는 시작코 (별도의 사슬뜨기로 만들기)

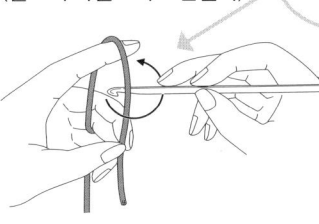

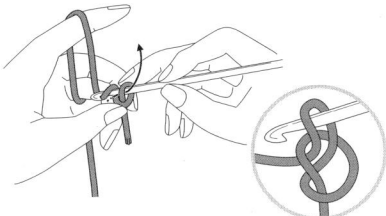
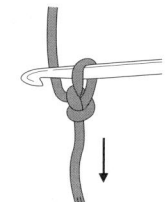

1. 코바늘을 실의 뒤쪽에 대고 화살표 방향으로 돌립니다.
2. 교차한 부분을 손가락으로 누르고 코바늘에 실을 겁니다.
3. 바늘에 건 실을 고리 안에서 빼냅니다.
4. 실끝을 당겨서 고리를 조입니다.

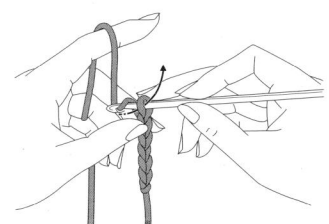
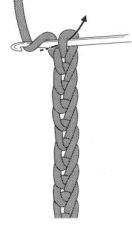
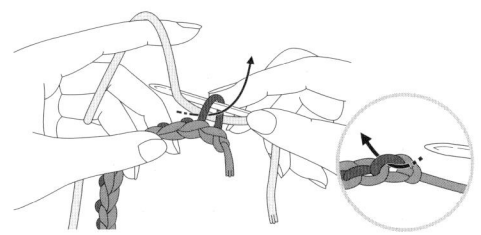
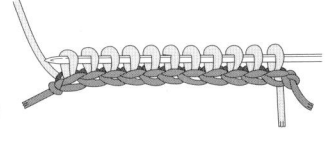

5. 코바늘에 실을 걸고 빼내기를 반복해서 필요한 콧수보다 조금 더 사슬뜨기합니다.
6. 마지막은 다시 한번 실을 걸어서 빼냅니다.
7. 별도의 실로 뜬 사슬코 끝쪽의 코산에 대바늘을 넣고 실제로 뜨는 실로 코를 줍습니다.
8. 필요한 콧수를 줍습니다.

☐ 겉뜨기

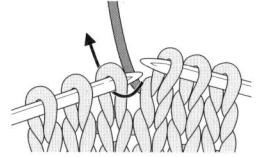 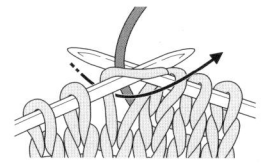 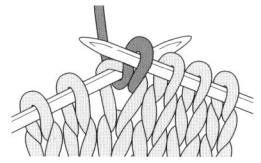 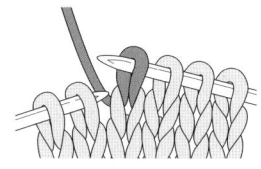

1 실을 뒤쪽에 놓고 오른쪽 바늘을 앞쪽에서 넣습니다.
2 실을 걸어서 앞쪽으로 빼냅니다.
3 실을 뺀 모습입니다. 왼쪽 바늘을 빼서 코를 벗겨냅니다.
4 겉뜨기가 완성되었습니다.

― 안뜨기

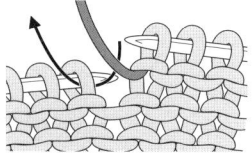 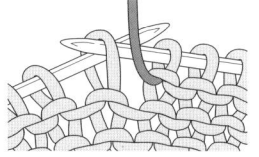 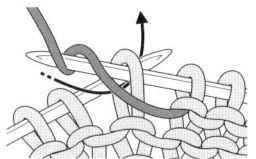 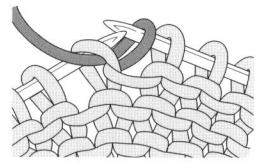 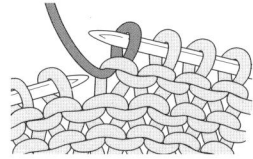

1 실을 앞쪽에 놓고 오른쪽 바늘을 뒤쪽에서 넣습니다.
2 바늘을 넣은 모습입니다.
3 실을 걸어서 뒤쪽으로 빼냅니다.
4 실을 뺀 모습입니다. 왼쪽 바늘을 빼서 코를 벗겨냅니다.
5 안뜨기가 완성되었습니다.

← 겉뜨기의 덮어씌워 코막기   1코고무뜨기의 덮어씌워 코막기 →

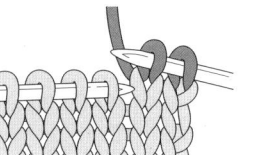  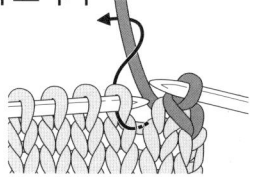 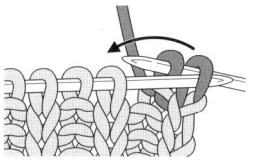 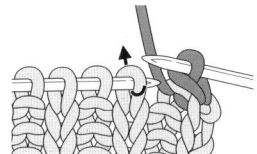

1 겉뜨기 2코를 뜹니다.
2 왼쪽 바늘을 사용해서 오른쪽 코를 왼쪽 코에 덮어씌웁니다.
3 코를 덮어씌운 모습입니다. '겉뜨기 1코를 떠서 덮어씌우기'를 반복해 코막음합니다.
1 마지막 단의 코와 마찬가지로 겉뜨기, 안뜨기의 순서로 뜨고 왼쪽 바늘을 사용해서 오른쪽 코를 왼쪽 코에 덮어씌웁니다.
2 코를 덮어씌운 모습입니다. 다음 코는 겉뜨기로 뜨고 1과 마찬가지로 덮어씌웁니다. '안뜨기 1코를 떠서 덮어씌우고 겉뜨기 1코를 떠서 덮어씌우기'를 마지막까지 반복해 코막음합니다.

○ 걸기코(바늘비우기)

 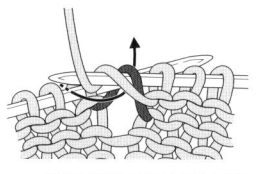 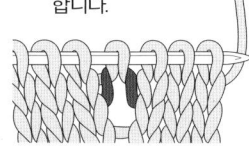

1 오른쪽 바늘에 앞쪽에서 뒤쪽으로 실을 겁니다. 이렇게 건 실이 걸기코입니다.
2 다음 코를 겉뜨기하면 코가 안정적입니다.
3 걸기코가 완성되었습니다.
4 다음 단은 다른 코와 마찬가지로 걸기코도 떠줍니다.
5 겉쪽에서 본 완성된 모습입니다.

● 덮어씌워 코막기

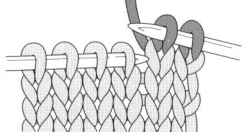  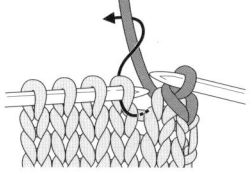 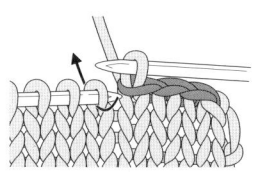

1 겉뜨기 2코를 뜹니다.
2 오른쪽 코를 왼쪽 코에 덮어씌웁니다.
3 다음 코도 겉뜨기하고 2와 마찬가지로 덮어씌웁니다.
4 '겉뜨기 1코를 떠서 덮어씌우기'를 반복해 코막음합니다.

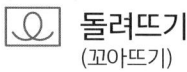 돌려뜨기 (꼬아뜨기)

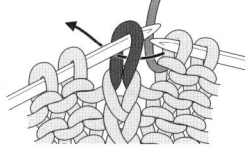 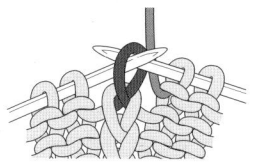 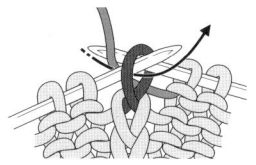 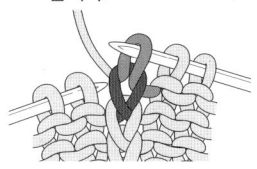

1 화살표와 같이 오른쪽 바늘을 넣습니다.
2 바늘을 넣은 모습입니다.
3 실을 걸어서 앞쪽으로 빼냅니다.
4 돌려뜨기가 완성되었습니다.

돌려뜨기로 코늘리기

오른쪽

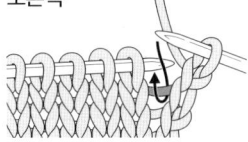 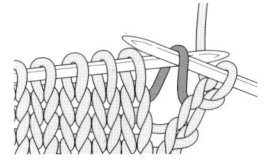 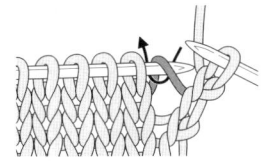 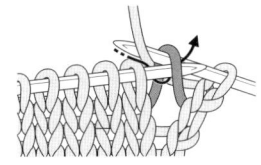 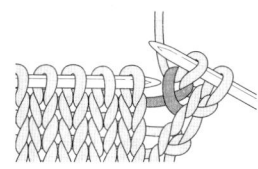

1. 오른쪽 끝부분의 1코를 뜨고 오른쪽 바늘을 화살표와 같이 싱커 루프(걸친 실)에 넣습니다.
2. 오른쪽 바늘로 실을 끌어올린 후 왼쪽 바늘로 옮깁니다.
3. 옮긴 실에 화살표와 같이 오른쪽 바늘을 넣습니다.
4. 겉뜨기를 하듯이 실을 빼냅니다.
5. 오른쪽 바늘을 빼면 오른쪽의 돌려뜨기로 코늘리기가 완성됩니다.

왼쪽

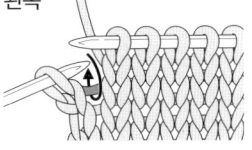 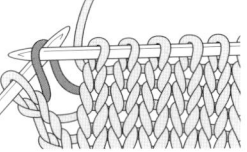 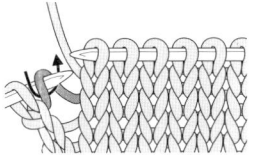 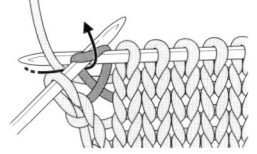 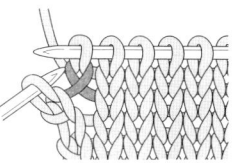

1. 왼쪽 끝부분의 1코를 남기고 오른쪽 바늘을 화살표와 같이 싱커 루프(걸친 실)에 넣습니다.
2. 오른쪽 바늘로 실을 끌어올린 후 왼쪽 바늘로 옮깁니다.
3. 옮긴 실에 화살표와 같이 오른쪽 바늘을 넣습니다.
4. 겉뜨기를 하듯이 실을 빼냅니다.
5. 왼쪽 바늘을 빼면 왼쪽의 돌려뜨기로 코늘리기가 완성됩니다.

실을 감아서 코늘리기

오른쪽

 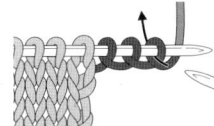 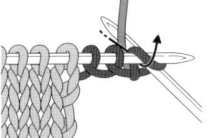

1. 그림과 같이 바늘을 넣어서 손가락을 뺍니다.
2. 다음 단은 끝부분의 코에 바늘을 넣고
3. 겉뜨기합니다. 나머지 코도 겉뜨기합니다.

왼쪽

 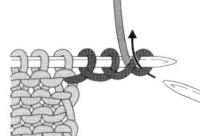 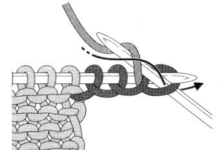

1. 그림과 같이 바늘을 넣어서 손가락을 뺍니다.
2. 다음 단은 끝부분의 코에 바늘을 넣고
3. 안뜨기합니다. 나머지 코도 안뜨기합니다.

⟋ 오른코 겹쳐 2코모아뜨기

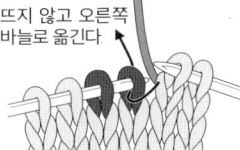 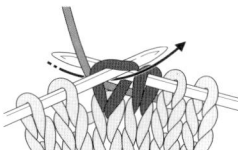 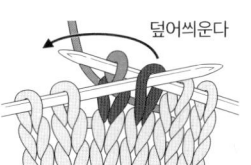 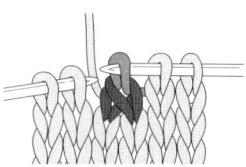

1. 오른쪽 코를 뜨지 않고 오른쪽 바늘로 옮깁니다.
2. 왼쪽 코를 겉뜨기합니다.
3. 오른쪽 바늘로 옮겨놓은 코를 겉뜨기한 코에 덮어씌웁니다.
4. 오른코 겹쳐 2코모아뜨기가 완성되었습니다.

⟍ 왼코 겹쳐 2코모아뜨기

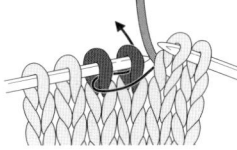  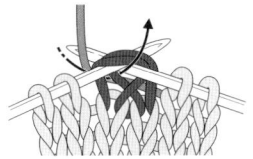 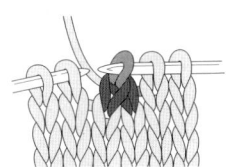

1. 2코의 왼쪽에서 오른쪽 바늘을 한 번에 넣습니다.
2. 바늘을 넣은 모습입니다.
3. 2코를 함께 겉뜨기합니다.
4. 왼코 겹쳐 2코모아뜨기가 완성되었습니다.

⟋ 오른코 겹쳐 2코모아안뜨기

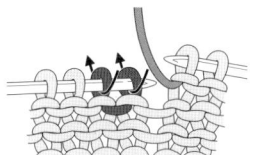 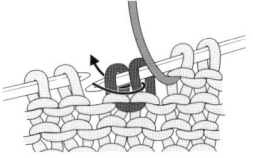 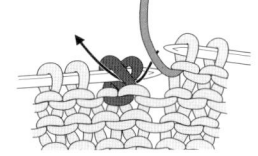 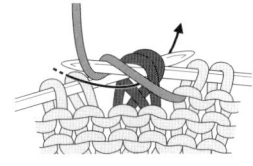 

1. 2코를 각각 뜨지 않고 오른쪽 바늘로 옮깁니다.
2. 왼쪽 바늘을 2코의 오른쪽에서 넣어서 코를 다시 옮깁니다.
3. 화살표와 같이 오른쪽 바늘을 넣어서
4. 2코를 함께 안뜨기합니다.
5. 오른코 겹쳐 2코모아안뜨기가 완성되었습니다.

왼코 겹쳐 2코모아안뜨기

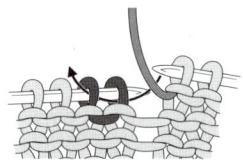
1 2코의 오른쪽에서 오른쪽 바늘을 한 번에 넣습니다.

2 바늘을 넣은 모습입니다.

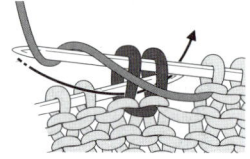
3 2코를 함께 안뜨기합니다.

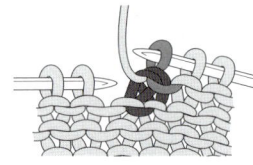
4 왼코 겹쳐 2코모아안뜨기가 완성되었습니다.

중심 3코모아뜨기

1 오른쪽의 2코에 화살표와 같이 바늘을 넣어서 뜨지 않고 오른쪽 바늘로 옮깁니다.

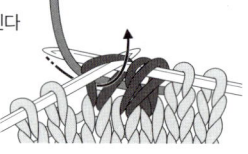
2 다음 코를 겉뜨기합니다.

3 오른쪽 바늘로 옮겨놓은 2코를 겉뜨기한 코에 덮어씌웁니다.

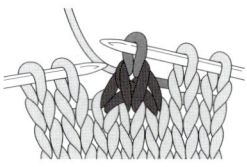
4 중심 3코모아뜨기가 완성되었습니다.

오른코 위 1코교차뜨기

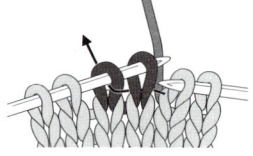
1 오른쪽 코의 뒤쪽에서 왼쪽 코에 화살표와 같이 바늘을 넣습니다.

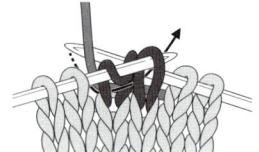
2 겉뜨기합니다.

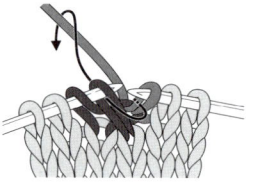
3 그 상태로 오른쪽 코를 겉뜨기합니다.

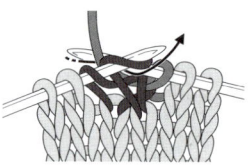
4 실을 빼낸 뒤 왼쪽 바늘에서 2코를 벗겨냅니다.

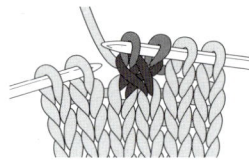
5 오른코 위 1코교차뜨기가 완성되었습니다.

왼코 위 돌려 1코교차뜨기 (아래쪽이 안뜨기)

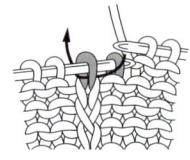
1 왼쪽 코에 오른쪽 코의 앞쪽에서 화살표와 같이 바늘을 넣고

2 오른쪽 코의 오른쪽으로 코를 빼서 돌려뜨기합니다.

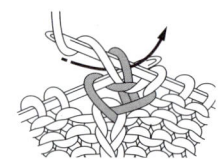
3 돌려뜨기한 왼쪽 코는 그대로 두고 오른쪽 코에 바늘을 넣어서 안뜨기합니다. 왼쪽 바늘에서 코를 벗겨냅니다.

오른코 위 돌려 1코 교차뜨기 (아래쪽이 안뜨기)

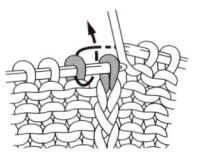
1 왼쪽 코에 오른쪽 코의 뒤쪽에서 화살표와 같이 바늘을 넣고

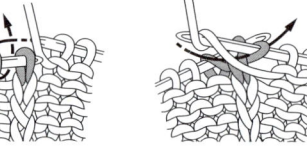
2 오른쪽 코의 오른쪽으로 코를 빼서 안뜨기합니다.

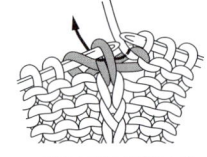
3 안뜨기한 왼쪽 코는 그대로 두고 오른쪽 코에 화살표와 같이 바늘을 넣어서 돌려뜨기합니다. 왼쪽 바늘에서 코를 벗겨냅니다.

왼코에 꿴 매듭뜨기 (3코의 경우)

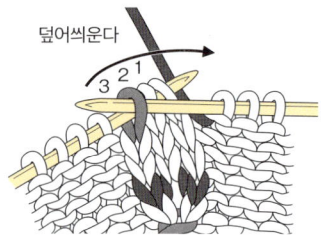
1 3의 코를 1, 2의 코에 덮어씌웁니다.

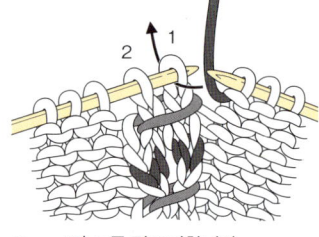
2 1의 코를 겉뜨기합니다.

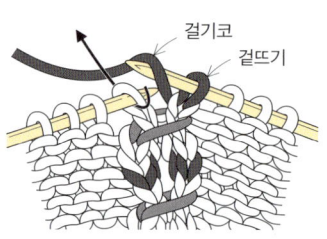
3 다음에 걸기코를 만들어서 2의 코도 겉뜨기합니다.

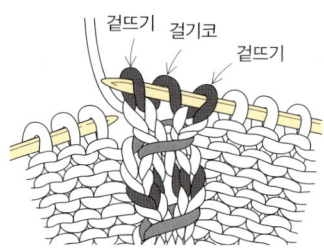
4 왼코에 꿴 매듭뜨기 (3코의 경우)가 완성되었습니다.

메리야스 잇기
- 양쪽 모두 덮어씌워 코막음을 했을 때

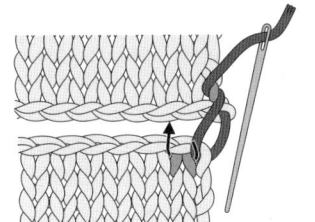

1 실끝이 없는 앞쪽 끝부분의 코, 뒤쪽 끝부분의 코 순서대로 안쪽에서 돗바늘을 넣습니다.

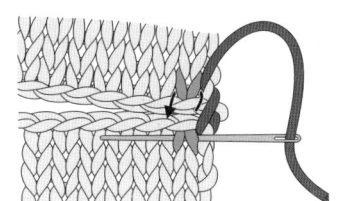

2 앞쪽 코에 바늘을 넣고 뒤쪽의 코도 화살표와 같이 바늘을 넣습니다.

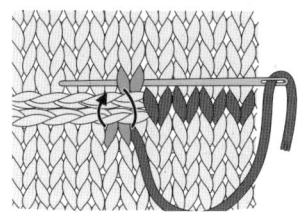

3 '앞쪽은 八자, 뒤쪽은 V자로 떠 올리기'를 반복합니다.

코와 단 잇기
- 덮어씌워 코막음을 한 코와 이어 붙일 때

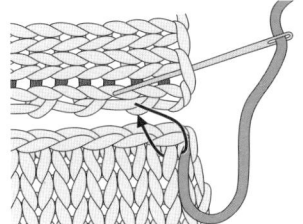

1 덮어씌워 코막음을 한 쪽을 앞쪽에 놓고 단의 시작코와 앞쪽의 코에 그림과 같이 돗바늘을 넣습니다. 단은 걸친 실을 떠 올립니다.

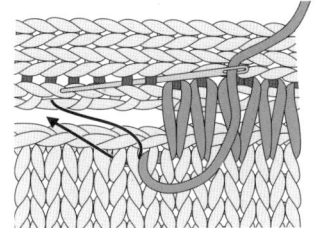

2 단 쪽이 많을 때는 군데군데 한 번에 2단을 떠 올려서 조정합니다.

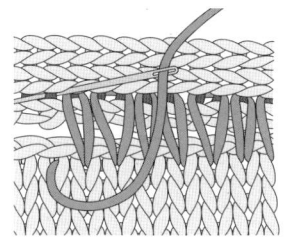

3 코와 단에 번갈아 가며 바늘을 넣습니다. 이은 실은 잡아당겨서 보이지 않게 합니다.

실을 떠 올려서 잇기

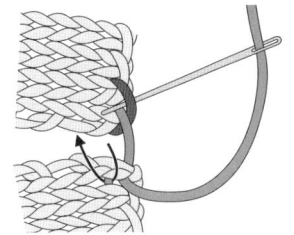

1 앞쪽과 뒤쪽 모두 돗바늘로 시작코의 실을 떠 올립니다.

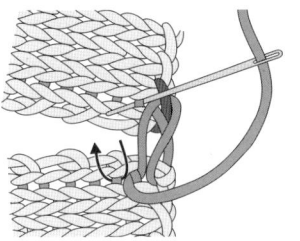

2 끝에서 1코 안쪽의 싱커 루프(걸친 실)를 1단씩 번갈아 가며 떠 올려서 실을 당깁니다.

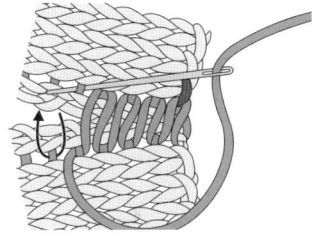

3 '싱커 루프를 떠 올려서 이은 실 당기기'를 반복합니다. 이은 실은 보이지 않을 때까지 잡아당깁니다.

빼뜨기로 잇기

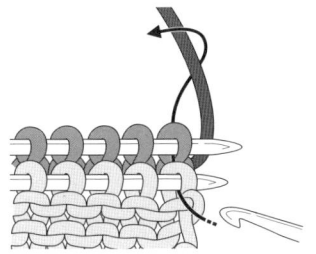

1 뜨개바탕 2장을 안쪽이 밖으로 나오게 마주 놓고 왼손으로 잡은 뒤 양쪽 끝의 코에 코바늘을 넣습니다.

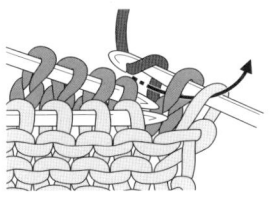

2 실을 걸어 2코모아뜨기해서 빼냅니다.

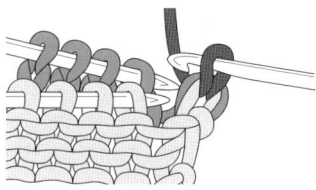

3 실을 빼낸 모습입니다.

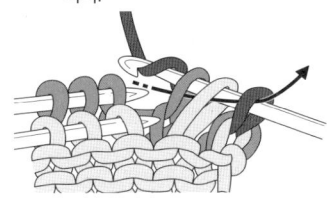

4 다음 코도 코바늘을 넣고 실을 걸어서 이번에는 3코를 함께 빼냅니다.

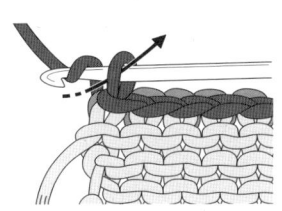

5 4를 반복해서 마지막 고리로 실을 빼냅니다.

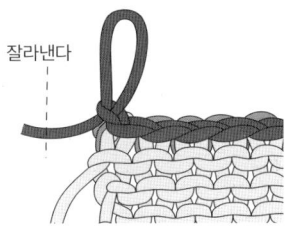

6 실을 잘라 빼냅니다.

되돌아뜨기(경사뜨기)

오른쪽

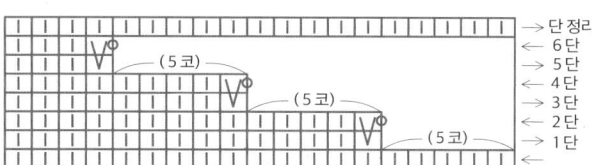

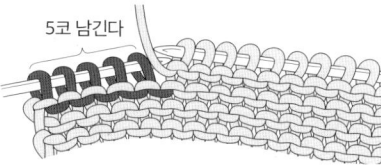

1단 (안쪽에서 뜨는 단)
5코 남긴다

1 첫 번째 되돌아뜨기를 합니다. 안쪽 단 끝에서 왼쪽 바늘에 5코를 남기고 뜹니다.

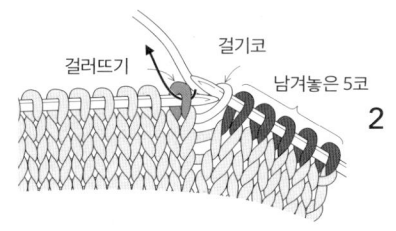

2단 (겉쪽에서 뜨는 단)
걸러뜨기 걸기코 남겨놓은 5코

2 뜨개바탕을 반대 방향으로 돌려 잡고 실을 앞쪽에서 뒤쪽으로 걸어 걸기코를 만든 뒤 왼쪽 바늘의 1코를 걸러뜨기해서 오른쪽 바늘로 옮깁니다.

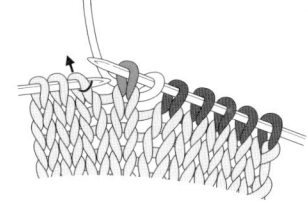

3 다음 코는 겉뜨기합니다.

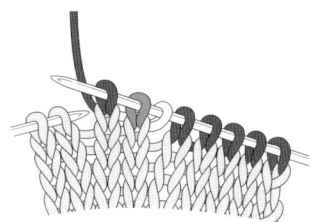

4 나머지 코도 겉뜨기로 뜹니다.

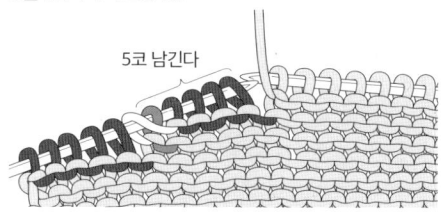

3단 (안쪽에서 뜨는 단)
5코 남긴다

5 두 번째 되돌아뜨기를 합니다. 아랫단의 걸기코에서 왼쪽 바늘에 5코를 남기고 뜹니다.

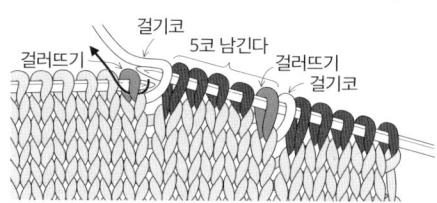

4단 (겉쪽에서 뜨는 단)
걸기코 걸러뜨기 5코 남긴다 걸러뜨기 걸기코

6 뜨개바탕을 반대 방향으로 돌려 잡고 2와 마찬가지로 걸기코를 만들어 걸러뜨기를 한 뒤 나머지는 겉뜨기로 뜹니다. 5, 6을 반복합니다.

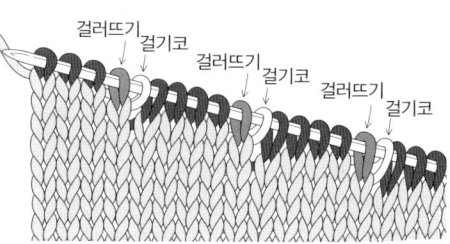

걸러뜨기 걸기코 걸러뜨기 걸기코 걸러뜨기 걸기코

7 6단(세 번째 되돌아뜨기)을 다 뜬 모습입니다.

뜨개코 위치를 바꾸는 방법
(안쪽에서 뜨는 단에서 처리하기)

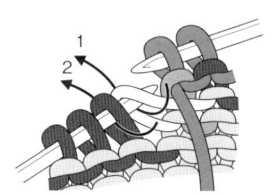

1 실을 앞쪽에 놓고 오른쪽 바늘에 1, 2의 순서대로 2코를 옮깁니다.

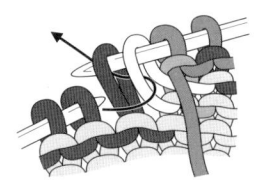

2 옮긴 2코에 화살표와 같이 왼쪽 바늘을 넣어서 코를 다시 옮깁니다.

3 뜨개코의 위치 바꾸기가 끝났습니다.

단 정리 (안쪽에서 뜨는 단)

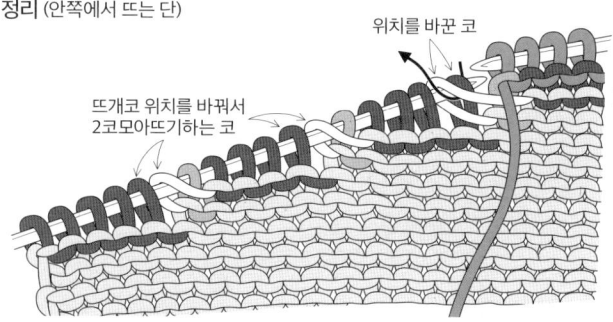

위치를 바꾼 코
뜨개코 위치를 바꿔서 2코모아뜨기하는 코

8 안쪽에서 단 정리를 합니다. 걸기코와 그 왼쪽 옆 코의 위치를 바꿔서(위쪽 그림의 '뜨개코 위치를 바꾸는 방법' 참조) 2코모아뜨기로 안뜨기합니다.

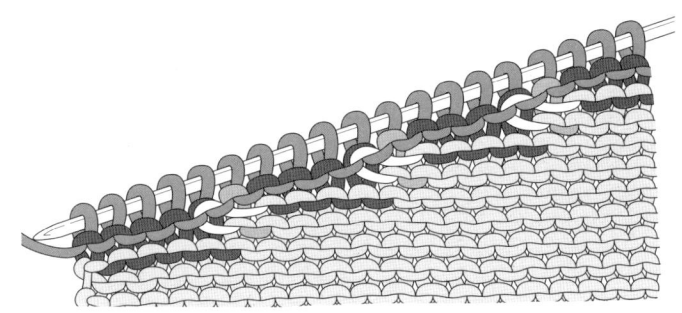

9 오른쪽의 되돌아뜨기가 완성되었습니다. 걸기코는 안쪽에 있어서 겉쪽에서는 보이지 않습니다.

왼쪽

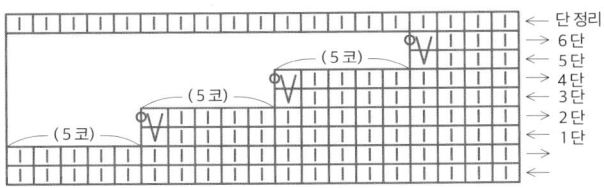

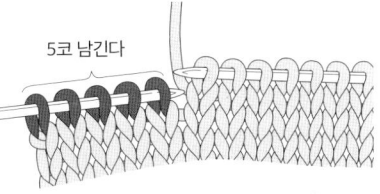

1단 (겉쪽에서 뜨는 단)

1 첫 번째 되돌아뜨기를 합니다. 겉쪽 단 끝에서 왼쪽 바늘에 5코를 남기고 뜹니다.

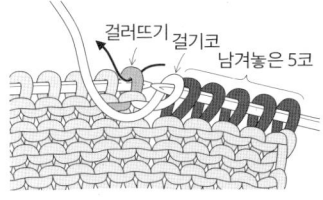

2단 (안쪽에서 뜨는 단)

2 뜨개바탕을 반대 방향으로 돌려 잡고 실을 그림과 같이 걸어서 걸기코를 만든 뒤 왼쪽 바늘의 1코를 걸러뜨기해서 오른쪽 바늘로 옮깁니다.

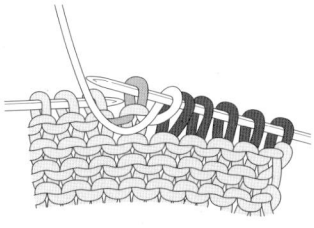

3 걸러뜨기가 완성되었습니다. 다음 코는 안뜨기합니다.

4 나머지 코도 안뜨기로 뜹니다.

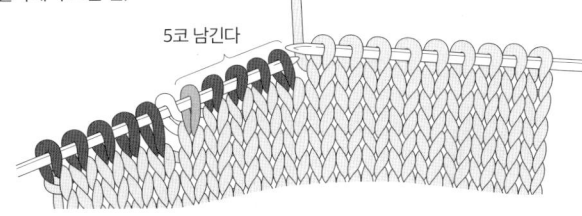

3단 (겉쪽에서 뜨는 단)

5 두 번째 되돌아뜨기를 합니다. 아랫단의 걸기코에서 왼쪽 바늘에 5코를 남기고 뜹니다.

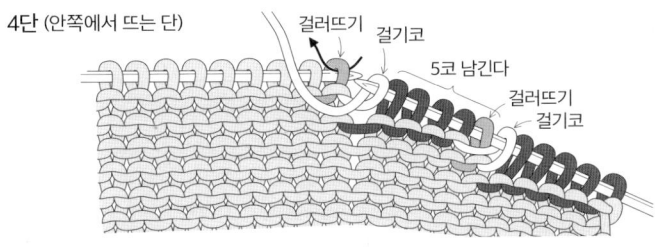

4단 (안쪽에서 뜨는 단)

6 뜨개바탕을 반대 방향으로 돌려 잡고 2와 마찬가지로 걸기코를 만들어 걸러뜨기를 한 뒤 나머지는 안뜨기로 뜹니다. 5, 6을 반복합니다. (걸기코는 콧수로 세지 않습니다)

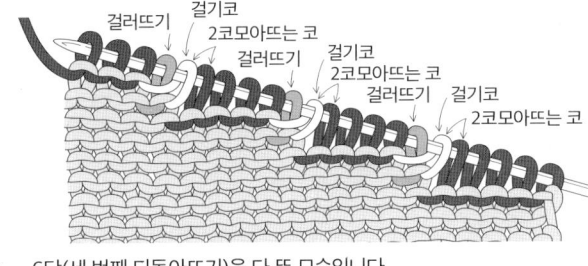

7 6단(세 번째 되돌아뜨기)을 다 뜬 모습입니다.

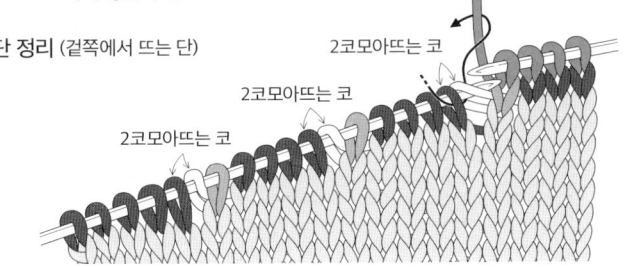

단 정리 (겉쪽에서 뜨는 단)

8 겉쪽에서 단 정리를 합니다. 코는 위치를 바꾸지 않고 걸기코와 그 왼쪽 옆 코에 화살표와 같이 오른쪽 바늘을 넣어서 2코모아뜨기로 겉뜨기합니다.

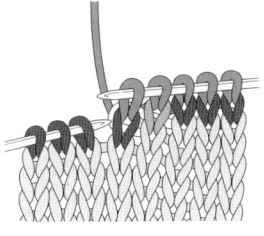

9 다 뜬 모습입니다.

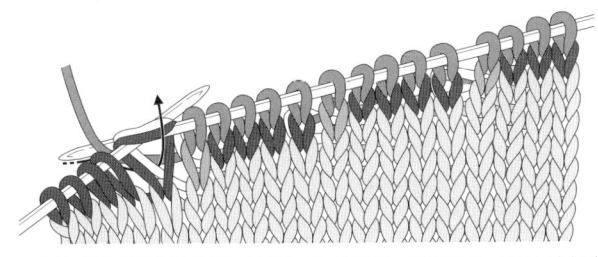

10 세 번째까지 똑같은 방법으로 뜹니다. 걸기코는 겉쪽에서 보이지 않습니다.

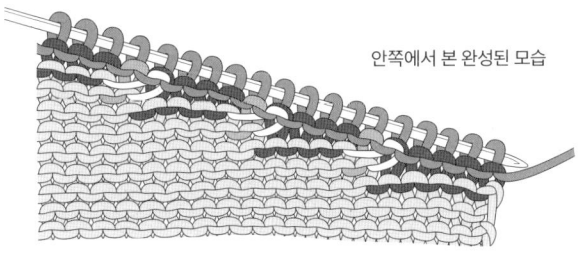

11 걸기코가 안쪽에 있는 것을 알 수 있습니다.

기본 소매 달기 (빼뜨기로 잇기)

곡선이 있는 진동둘레에 소매산이 있는 소매를 다는 가장 대중적인 방법입니다.
옆선과 소매옆선을 먼저 이은 후에 몸판과 소매를 답니다.

소매 달기 준비

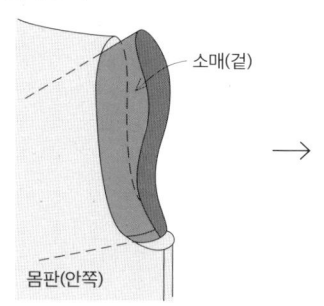 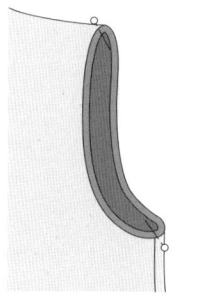 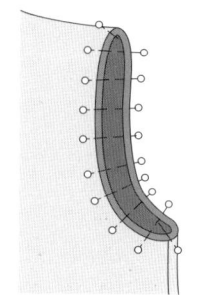 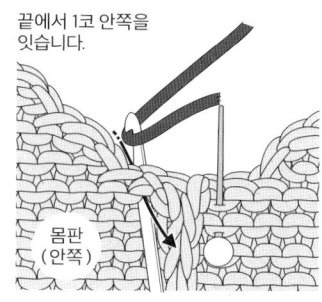

몸판을 안쪽으로 뒤집어서 소매를 넣고 안쪽이 밖으로 나오게 마주 놓습니다.

옆선과 소매옆선, 어깨와 소매산 중심을 맞춰서 시침핀을 꽂습니다.

시침핀 사이에 다시 촘촘하게 시침핀을 꽂습니다. (시침핀은 잇기 그림에서는 생략했습니다)

1 옆선의 실을 떠 올려서 이은 부분 바로 옆에 코바늘을 넣어 실을 빼냅니다. 실끝은 5cm 정도 남겨놓습니다.

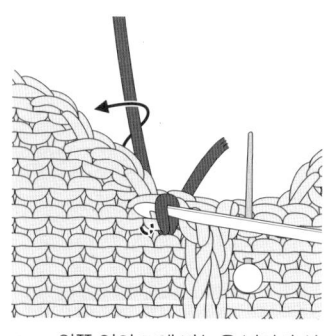 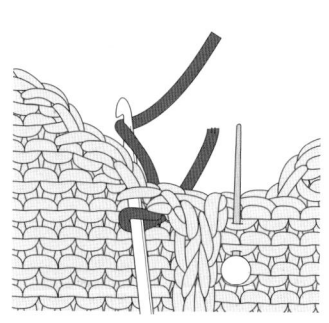 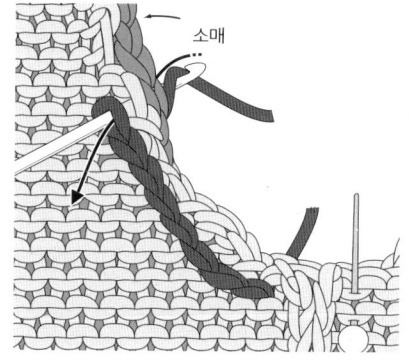

2 왼쪽 옆의 코에 바늘을 넣어서 실을 겁니다.

3 뜨개바탕과 바늘에 걸린 실을 한 번에 빼냅니다.

4 코 부분은 1코씩, 단 부분은 3단에 2코의 비율로 잇습니다. 뜨개 끝부분은 실끝을 돗바늘에 꿰어 첫 코의 아래쪽을 통과시켜서 1코를 만들고 소매 쪽으로 뺍니다.

풀어내는 시작코에서 코줍기

• 별도의 실로 뜬 사슬코를 풀어내는 방법—별도의 사슬뜨기 끝에서 코를 주워서 떴을 때

오른쪽

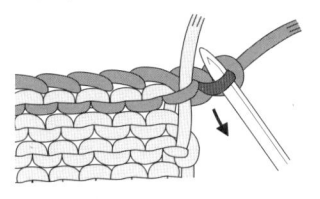 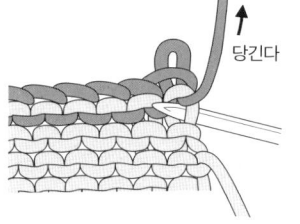 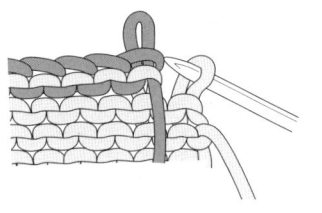 

1 뜨개바탕 안쪽을 보며 별도의 실로 뜬 사슬코의 코산에 바늘을 넣어서 실끝을 빼냅니다.

2 끝부분의 코에 바늘을 넣고 별도의 사슬코를 풀어냅니다.

3 1코를 풀어낸 모습.

4 별도의 사슬코를 풀어내며 1코씩 바늘에 옮깁니다.

왼쪽

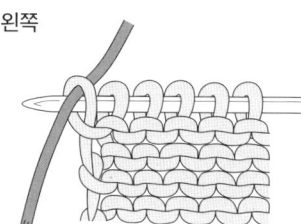 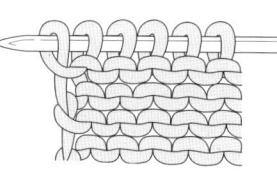

1 마지막 코는 비튼 상태로 바늘을 넣고 별도의 사슬뜨기에 사용한 실을 빼냅니다.

2 코를 다 옮긴 모습입니다.

주의!
별도의 실로 뜬 사슬코를 풀어내며 대바늘로 옮긴 코는 1단으로 셀 수 없습니다. 새 실을 대서 뜨는 1단이 코를 주워서 만든 단이 됩니다.

코바늘뜨기의 기초

사슬뜨기 (사슬뜨기 시작코)

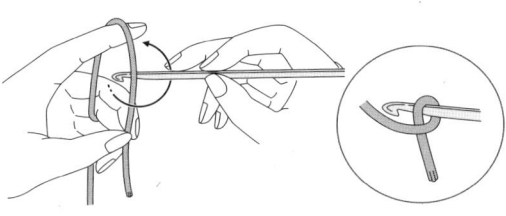
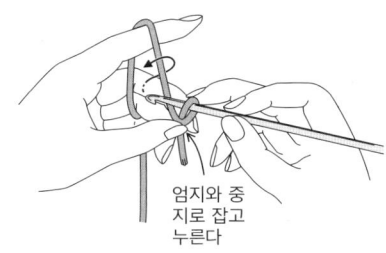
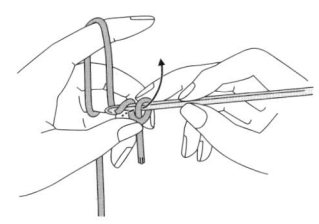

1 실끝을 10㎝ 정도 남기고 코바늘을 실의 뒤쪽에 댑니다. 바늘 끝을 앞쪽으로 밀어내듯이 돌려서 실 고리를 만듭니다.

2 고리의 교차점을 누르고 바늘의 등 쪽으로 실을 밀어내듯이 움직여서 실을 겁니다. (엄지와 중지로 잡고 누른다)

3 바늘에 걸려 있던 실을 바늘 끝에 걸어서 고리 안쪽으로 뺍니다.

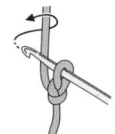
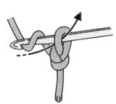

4 실을 뺀 모습. 실끝을 빼서 고리를 꽉 조입니다. 이것이 끝부분의 코가 되는데 콧수로는 세지 않습니다. (꽉 조인다)

5 바늘을 실의 앞쪽에 대고 바늘의 등 쪽으로 실을 밀어내듯이 움직여서 실을 겁니다.

6 바늘에 걸린 실을 고리 안쪽으로 빼냅니다.

7 사슬 1코를 완성했습니다. 뜨개코는 바늘에 걸린 고리의 아래쪽에 생깁니다. 계속해서 5, 6을 반복해 뜹니다. (사슬 1코)

짧은뜨기

이 책에서 쓴 기호 　일본 표준 기호

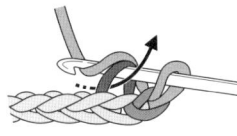

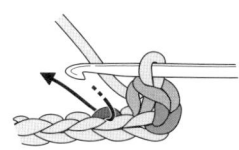

1 '시작코+기둥코 1코' 분량의 사슬뜨기를 하고 시작코 끝쪽의 코에 바늘을 넣습니다. (여기서는 코산을 줍는다) (─시작코 / 기둥코 사슬 1코)

2 바늘 끝에 실을 걸어 뺍니다.

3 바늘 끝에 실을 걸고 바늘에 걸려 있던 고리 2개를 한 번에 빼냅니다.

4 짧은뜨기 1코가 완성되었습니다. 계속해서 옆쪽의 시작코에 바늘을 넣고 2~4를 반복해서 짧은뜨기합니다.

짧은뜨기 이랑뜨기 (원통으로 뜰 경우)

이 책에서 쓴 기호 　일본 표준 기호

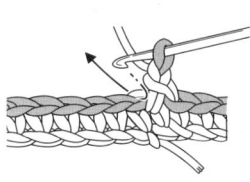
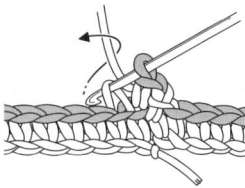
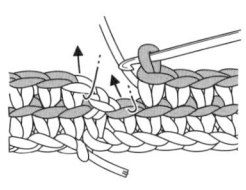
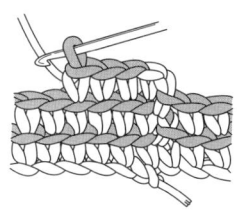

1 기둥코 사슬 1코를 만들고 아랫단의 뒤쪽 반코(코머리 뒤쪽의 실 1가닥)에 바늘을 넣어서 짧은뜨기합니다.

2 다음 코도 뒤쪽 반코에 바늘을 넣어서 짧은뜨기합니다.

3 1바퀴를 뜨고 나면 처음의 짧은뜨기 코머리 사슬 2가닥 아래쪽으로 빼냅니다.

4 기둥코 사슬 1코를 만들고 아랫단과 같은 방법으로 계속 뜹니다.

 빼뜨기

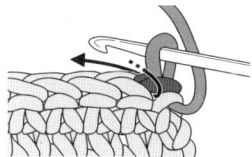
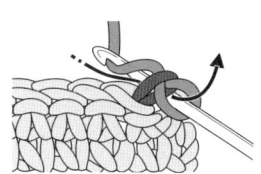
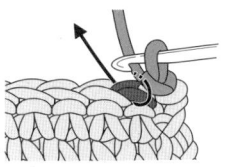
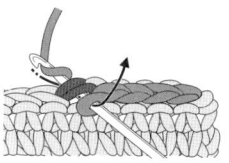

1 실을 뒤쪽으로 놓고 아랫단의 코머리에 바늘을 넣습니다.

2 바늘에 실을 걸어서 한 번에 빼냅니다.

3 계속해서 아랫단의 코머리에 바늘을 넣어서 빼냅니다.

4 반복하면 튼튼한 뜨개바탕이 완성됩니다.

⚠ 짧은뜨기 2코모아뜨기

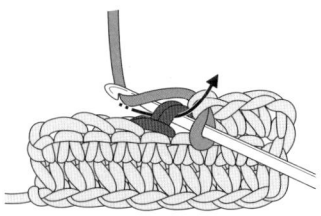 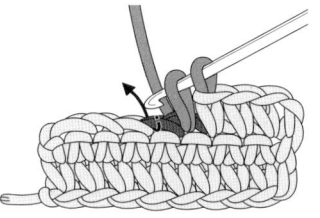 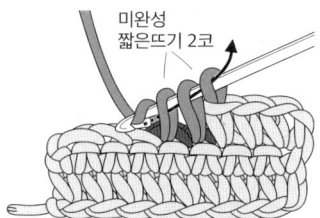 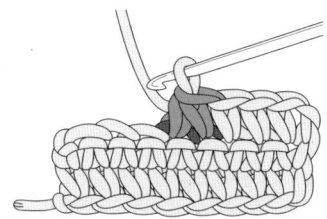

1. 아랫단 코머리의 실 2가닥을 주워서 바늘을 넣고 실을 걸어서 뺍니다.
2. 사슬 1코 분량의 높이로 실을 뺀 후('미완성 짧은뜨기'라고 합니다) 다음 코에 바늘을 넣어서 실을 뺍니다.
3. 미완성 짧은뜨기 2코를 뜬 상태에서 바늘 끝에 실을 걸고 바늘에 걸려 있던 고리 3개를 한 번에 빼냅니다.
4. 2코가 1코로 줄어서 '짧은뜨기 2코모아뜨기'가 완성되었습니다. (1코가 줄어든 상태)

∇ 짧은뜨기 2코늘려뜨기

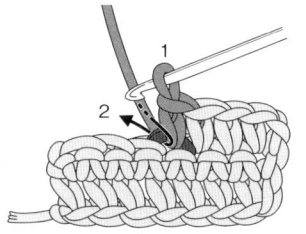 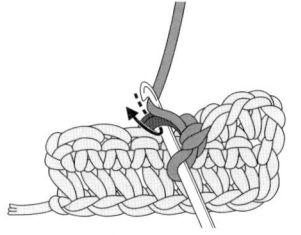 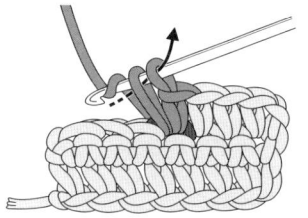 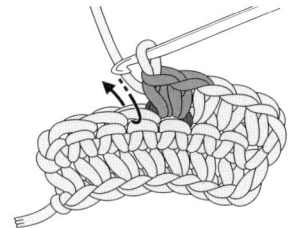

1. 아랫단 코머리의 실 2가닥을 주워서 짧은뜨기 1코를 뜨고 다시 같은 코에 바늘을 넣습니다.
2. 실을 바늘에 걸어서 사슬 1코 분량의 높이로 빼낸 후
3. 다시 1코를 짧은뜨기합니다. (바늘 끝에 실을 걸고 바늘에 걸려 있던 고리 2개를 빼냅니다)
4. 같은 코에 짧은뜨기 2코가 만들어졌습니다. (1코가 늘어난 상태) 계속해서 같은 방법으로 뜹니다.

⚒ 되돌아 짧은뜨기

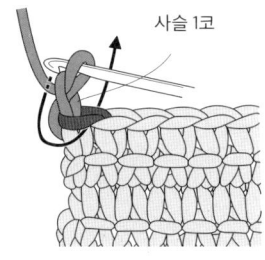 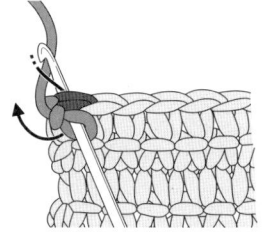 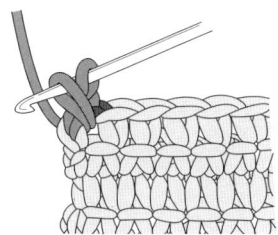 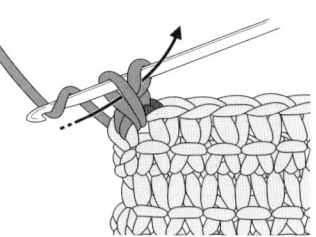

1. 기둥코 사슬 1코를 만들고 화살표와 같이 바늘을 돌려서 아랫단 끝부분의 코머리를 줍습니다.
2. 실 위에서 바늘에 실을 걸고 그 상태에서 앞쪽으로 뺍니다.
3. 실을 뺀 모습입니다.
4. 바늘 끝에 실을 걸고 바늘에 걸려 있던 고리 2개를 빼냅니다.

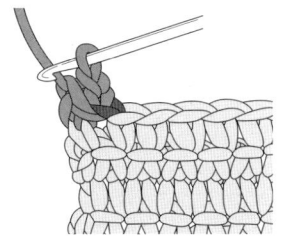 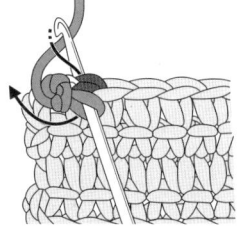 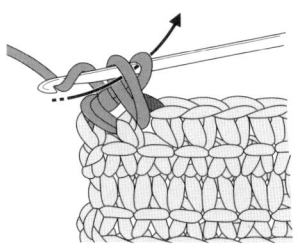 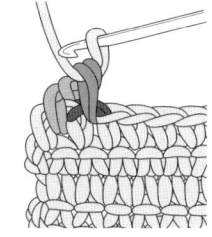

5. '되돌아 짧은뜨기' 1코가 완성되었습니다.
6. 다음 코도 1과 같은 방법으로 바늘을 움직여서 오른쪽 코에 바늘을 넣고 실 위에서 바늘을 걸어 실을 앞쪽으로 뺍니다.
7. 바늘 끝에 실을 걸고 바늘에 걸려 있던 고리 2개를 빼냅니다.
8. 2코가 완성되었습니다. 6, 7을 반복하여 왼쪽에서 오른쪽으로 계속 뜹니다.

자수의 기초

아우트라인 스티치

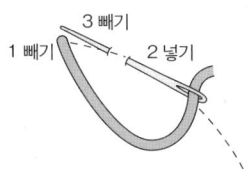 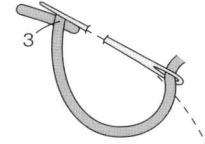 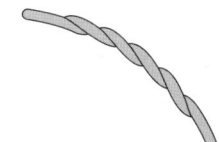

1 도안의 시작점에서 바늘을 빼고 1땀만큼 떨어진 위치에 바늘을 넣어서 반 땀만큼 되돌아와 바늘을 뺍니다.

2 2, 3을 반복합니다.

3 완성

스트레이트 스티치

1 도안의 시작점에서 바늘을 빼고 끝점에 바늘을 넣습니다.

프렌치노트 스티치

 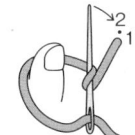 

1 뜨개바탕의 겉쪽으로 바늘을 빼고 실을 바늘에 걸듯이 둘러 감습니다.

2 감은 실이 풀리지 않게 눌러가며 위로 향한 바늘 끝을 실이 나온 곳 바로 옆쪽에 찔러넣습니다.

3 찌른 바늘을 수직으로 세우고 실을 꽉 잡아당긴 뒤 바늘을 안쪽으로 빼냅니다.

4 완성.

체인 스티치

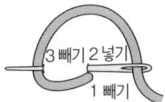  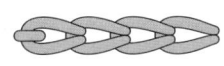

1 도안의 시작점에서 바늘을 빼고 실이 나온 곳과 같은 구멍에 바늘을 넣습니다. 계속해서 1코만큼 떨어진 위치에 바늘을 빼서 실을 바늘에 겁니다.

2 바늘을 빼고 실을 천천히 조여서 고리의 크기를 정합니다. 실이 나온 곳과 같은 구멍에 바늘을 넣고 계속해서 수놓습니다.

3 완성.

스팽글 다는 방법

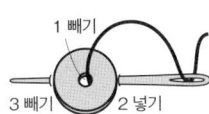 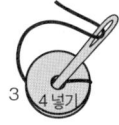

1 스팽글의 구멍 아래쪽에서 위쪽으로 바늘을 빼고 바깥쪽에 바늘을 넣어 반대쪽 끝으로 빼냅니다.

2 스팽글의 구멍에 바늘을 넣어서 스팽글을 고정합니다.

3 완성.

STAFF

북 디자인 / 미카미 쇼코(Vaa)
촬영 / 오쿠가와 준이치, 모리타니 노리아키 (p44~47)
스타일링 / 구시오 히로에(http://kushio-hiroe.com/)
헤어 메이크업 / 다카노 도모코
모델 / 나카노 아리사
제작 협력 / 가메다 아이, 스즈키 기미코, 아라이 가나코,
　　　　　우치기리 아미, 가네코 마유미
만드는 방법, 도안 / 나카모토 리나, 아오키 치즈루
편집 협력 / 오마에 가오리, 소가 게이코, 다카야마 게이나,
　　　　　쓰치야 에미코
편집 담당 / 후루야마 가오리, 다니야마 아키코

소재 제공

- 주식회사 다이도 포워드 퍼피 사업부
  Tel. 81) 03-3257-7135
  http://www.puppyarn.com
- 요코타 주식회사(다루마)
  Tel. 81) 06-6251-2183
  http://www.daruma-ito.co.jp
- 하마나카 주식회사(리치모어)
  Tel. 81) 075-463-5151
  http://www.hamanaka.co.jp
- DMC 주식회사(로완)
  Tel. 81) 03-5296-7831
  　https://www.dmc-kk.com/rowan/
- 주식회사 이토이토
  Tel. 81) 090-8187-4965
  https://itoitos.shop/
- 주식회사 일본 보그사(NV얀)
  Tel. 81) 0120-923-258
  　https://www.tezukuritown.com/nv/e/envyarn/

도구 협력

- 클로버 주식회사
  Tel. 81) 06-6978-2277(고객센터)
  https://clover.co.jp

촬영 협력

- SARAHWEAR
  (p7 스커트, p10, 11 블라우스, 스커트, p12 셔츠, p16, 17 셔츠, p18 스커트, p22 블라우스, p24 원피스)
  Tel. 81) 03-5731-2741
  https://www.sarahwear.com
- 하라주쿠 시카고 시모기타자와점
  (p6 데님, p8, 9 셔츠, 팬츠, p30 반다나, 데님, p34 데님, p38 팬츠)
  Tel. 81) 03-3419-2890
  　http://www.chicago.co.jp/skz.html
- MARMARI
  (p12 스커트, p19 코트, p35 원피스, p36 팬츠)
  Tel. 81) 042-587-8889
  https://marmari.jp

다양한 색감을 즐기는 배색무늬 니트 손뜨개
도카이 에리카의 컬러 워크

초판 1쇄 인쇄 2023년 10월 15일
초판 1쇄 발행 2023년 10월 20일

지은이　도카이 에리카
옮긴이　김한나
감　수　김수산나

펴낸이　최정이
펴낸곳　지금이책
등록　　제2015-000174호
주소　　경기도 고양시 일산서구 킨텍스로 410
전화　　070-8229-3755
팩스　　0303-3130-3753
이메일　now_book@naver.com
블로그　blog.naver.com/now_book
인스타그램　nowbooks_pub

ISBN　　979-11-88554-74-4 (13590)

TOKAI ERIKA NO COLOR WORK (NV 70705) by ERIKA TOKAI
Photographers: Junichi Okugawa, Noriaki Moriya
Copyright © ERIKA TOKAI /NIHON VOGUE-SHA, 2022
All rights reserved.
Original Japanese edition published by NIHON VOGUE Corp.
Korean translation copyright © 2023 by JIGEUMICHAEK
This Korean edition published by arrangement
with NIHON VOGUE Corp., Tokyo,
through BC Agency

이 책의 한국어판 저작권은 BC에이전시를 통해 저작권자와 독점계약을 맺은 지금이책에 있습니다. 저작권법에 의해 한국 내에서 보호를 받는 저작물이므로 무단전재와 복제를 금합니다.

* 이 책은 저작권법에 따라 보호를 받는 저작물이므로 무단전재와 무단복제를 금지하며,
  이 책 내용의 전부 또는 일부를 이용하려면 반드시 저작권자와 지금이책의 서면 동의를 받아야 합니다.
* 잘못되거나 파손된 책은 구입하신 서점에서 교환해드립니다.
* 책값은 뒤표지에 있습니다.